明公啟示錄

范明公精英教養學
（一）

——結合東西方思想及文化精髓而形成的教養學體系

作者／范明公

【目錄】

05

［目錄］

第一章
緣起——范明公的精英教養學

其實中華文化對育兒學有一整套的智慧體系，
簡單來說就是佛教的「拔眾生之苦」，
也是范明公在本書所傳授的精英教養學。
父母只要掌握了這套育兒學的體系及概念，
不只針對孩子成長過程中的種種問題及靈性建構，
甚至成人的各種病症、各種心理的不健康等等，
都可以徹底被根治，並落地實用，
更能印證范明公的育兒學就是偉大的中華智慧的又一精髓。

什麼是教養學？

　　教養學，就是育兒、教養、教化之道。這是全天下的父母為之心動的學問。

　　每個有孩子的家庭都面臨著教養、教化的問題。我們學好了教養、教化之道，就會知道如何運用教養學，而且當下就能起用，讓我們的孩子、家人，甚至讓世人都受益，這個意義非常重大。

　　我們會從教化、教養之道來給大家做更深的解讀，最終把這一個智慧體系給大家完整立體地呈現出來。

　　這裡所講的教養學不是碎片，不是某些個知識點，而是一個整體的清晰的智慧體系，它是有一個脈絡在支撐的。

　　在范明公的教養學體系，主要針對一個孩子從出生到獨立長成大人的過程中，就是從媽媽懷孕一直到孩子長到18歲成人的這段時間，大體可以分三個階段：

第一階段：育兒階段——3歲以前

第二階段：教養階段──3歲到7歲
第三階段：教化階段──7歲到18歲

　　而這套教養學體系會順應著孩子每一個階段的心理、腦神經、大腦到身體結構的整體發展、發育規律，提供適當的外力去輔助孩子，讓孩子避免受到種種的心理創傷，能身心平衡的健康成長，幫助孩子在未來的人生路上打好一個堅實的身心靈基礎。

從中西文明發展看教養學的建構軌跡

　　在中國，從遠古時代開始，中華民族古聖人們最重視的就是這個教養教化之道。其實我們的祖先遠在夏商周時代就已經建構一套完整的教養教化體系。在當時，這套體系也已經細分出「家庭教育」和「官方教學」兩部分。

　　進入春秋戰國時期，由聖人孔子完成最終的匯整及貫徹執行，並被一直傳承沿用至今。這套智慧體系的內容全部都能在流傳至今的典籍記載

中找到並可被考古驗證的。而這部分，我們將會在後面的章節裡一一詳細展開說明。

於此同時，我們也應該瞭解全世界對於教養教化的狀況又是如何？尤其是十分看重孩子身心發展的西方國家，他們的教養教化之道又是如何的呢？這樣我們才能為自己的教養教化之道做出正向的判斷取捨。

早在300年前（即18世紀），地球上五大洲的非洲、南美洲和北美洲仍處於原始部落勢態。相較之下，那時的西方世界，即歐洲正處於啟蒙運動開始時代，到處挑戰基督教教會的思想體系，使科學的成果感染到社會的各個層面，而歐洲以外的地區也透過傳教與貿易的方式接觸這思潮，進而產生小規模的學術復興運動。但在政治上，歐洲各國又一直處於戰爭狀態，像是西班牙、波蘭、奧地利爭取王位之戰、英國奪取法國殖民地之戰、法國大革命等，如此分割、混亂的現象讓西方世界被割裂而無法形成一個完整的文明體系。即使在西方世界來說，尚有古希臘文明時的蘇格拉底（Scorates）、柏拉圖（Plato）、

亞里斯多德（Aristotle）等哲學家，但在當時不穩定的年代裡難以傳承。

突發式及傳承式文明的差異性

還有一個問題，一個國家在沒有統一的語言和文字，沒有一個完全統一的一個民族前提下，這文明從何而來？我們可以追溯一下，英語從什麼時候才變成了統一的溝通文字？而真正使用英語撰寫寫作，並作為官方的第一份檔，又是那一年的事情？這些，各位都可以從各國國際性權威資料庫中得到答案。

回到當時的歐洲各國，從來沒有統一的文字，因為拉丁文字（既系統的羅馬文字）是在中世紀裡才由天主教會逐漸完善的。當文字和語言

父母教養便利貼：

教養學體系，主要針對一個孩子從出生到獨立長成大人的過程中分三個階段：3歲以前的育兒階段、3歲到7歲的教養階段、7歲到18歲的教化階段。

不統一，文字又無法透過快速翻譯傳承，那麼它的文明又從何而來？

雖說西方的歷史文化很古老，可以一路追溯至古希臘文明的蘇格拉底、柏拉圖和亞里斯多德，但我們中華文化的歷史也在傳承，如孔子、莊子、老子、孟子、墨子等，雖然出現的年代很相近（約西元前300～500年左右），只是東西方各走不一樣的路子。

不過，從地圖上可見，西方世界的文明是突發式的文明，它不是延續的，不是傳承的文明，世界上唯一可傳承的文明只有在我們中華文化，這是歷史無法顛覆的事實。因為我們有大量的典籍及古蹟可以作為考古的證據。

而西方世界的這套文明體系，在傳承上卻是有疑惑的，在於在中世紀以基督教會為主的古典時代多半保留拉丁語文獻，但對古希臘語文獻卻極為有限。後來透過500年前的文藝復興時代，因為義大利商人通商後，大量把在中東和希臘獲得的古羅馬文獻匯集回義大利進行研究，使文藝復興時期的學者如哥白尼（Copernicus）、伽利

略（Galilei）等首次全面性瞭解古希臘文明的哲學思想及理性思辨，也造就近代科學發展，仍至現在20世紀的科技大爆發，繼而發展成為當今的西方社會。至於這裡面的爭議，在之後章節會提到，但由此證明：西方世界的文明發展並不是傳承性的。

在使用西方理論育兒前先想一想

我們為什麼要提及這個呢？因為教養教化之道，首先得在一個文明體系中，通過傳承的過程中積累而來，這個過程需要有成型的理論體系，更需要有不斷地驗證結果，通過驗證後的結果呈現，才能稱之為「道」。

就現在中國的育兒術，孩子的教養教化學都是一昧跟西方世界學習。因此我們才要提及東西方的歷史，讓真實的歷史呈現出來。試想看看，若從4世紀基督教成為羅馬帝國的國教後至16世紀的文藝復興時代這麼長的歷史，都是一大片漫長黑暗的時代，哪裡有文明？文明在哪？因此沒

有文明，又談何教養教化之道呢？

　　另外，在接觸西方世界的心理學時，深入瞭解西方世界的育兒之道時，若不去追究它的歷史及緣起，又怎麼會知道這套體系的形成是否我們東方的小孩是有用的呢？因此我們要學習西方教育的育兒及教養教化之道時，不僅僅是需要有理論體系就可以了，同時還要學了施用於我們下一代的身上，因此驗證很重要。因為唯有透過驗證，才會知道這套育兒理論到底對不對？是不是這麼一回事？

　　而且驗證育兒成人成才這件事，並不是經過100年、200年就能驗證的了，所有理論都必須經過500年、1000年的實際驗證，才能證明它沒問題、是健康可用的，然後才能傳承它、使用它、推廣它。這是最基本的道理。

　　所以再回頭思考一下：關於西方世界的育兒教養教化的起源在哪裡？在什麼時期？它有在哪部歷史經典著作裡出現嗎？由哪位西方歷史上的聖人曾提出來的呢？其理論體系的歷史基礎是什麼？它在歷史上有什麼成功的案例嗎？

結果我們透過回溯西方歷史資料中去查找一下，卻發現整個西方歷史和典籍上都沒有提出過如何養育孩子？如何教育孩子？有哪一套育兒養成體系比較好用的呢？……等等的訊息都沒有。因此，我們現在中國人只跟西方學育兒、教養、教化，這難道不是一個值得深思的問題嗎？

西方育兒學教養之道的先天缺陷

那問題又來了，現在西方先進國家所使用的育兒教養之道不正是自己的理論嗎？也沒有發現有什麼問題啊？確實，西方國家的育兒學和教養之道是有完整的理論基礎，但也因研究的方向不一，切入的角度也不同，因此擁有各種各樣的理論及學派各行其道，各說各話。換句話說，目

父母教養便利貼：

學習西方教育的育兒及教養教化之道時，不僅僅是需要有理論體系就可以了，同時還要學了施用於我們下一代的身上，因此驗證很重要。

前西方先進國家不僅擁有一套完整的育兒教養理論，而是有非常多套完整的理論體系且從不同領域切入。

　　這多套完整理論體系是有其根源。西方育兒教養學是近200年以來，隨著西方心理學的發展，一點一滴形成而來的一個分支。因此在形成育兒學派或理論體系的同時，會伴隨著大量的心理學實驗研究來進行驗證，然後不斷地發展出屬於自己體系的一套育兒教養學。然而，西方的育兒學教養之道這一領域，有其先天的缺陷的。它不是一套能訴諸全球且能符合所有人類真正長成生理結構及發展規律的體系。

　　問題點在哪裡呢？一個孩子，他是一個完整的整體，但是西方的心理學實驗研究多以碎片化的模式下，從一個知識點到另外一個知識點來進行研究驗證。他們對人體兒童階段的實驗，分門別類進行：有的針對兒童心理的心理學實驗、有的針對兒童的大腦和腦神經發展的心理學實驗、有的針對兒童營養學的心理學實驗，更有的針對胚胎學在胎兒時期的科學研究和心理實驗。

由此可見對於兒童整個軀體的生長及心理學實驗都是切割開來的，分散在各個專業領域中進行，然而這各個領域之間又不存在跨界的相互溝通。於是這種建構在可證偽的實驗基礎上之西方理論，就導致了這種擁有非常多套的育兒教養理論體系局面，例如：有從兒童心理學派發展出一套兒童心理學育兒理論體系、有從強調腦神經科學延出另一整套育兒理論、有從胚胎學自人的誕生到成人成長發展過程的胚胎學育兒理論、也有從兒童營養學角度的育兒理論……，一套一套全都是碎片式的存在。因此講究科學驗證的育兒學理論，到目前的國際社會上還處於一種混沌紊亂的局面，並沒有一套有統一標準的理論體系或實際驗證方法，可作為全球性的育兒標準。

西方教養理論片面且不成系統

反觀我們中國的現狀，也是一片混亂。因為歷史的原因，中國人思維習慣總覺得「西方月亮比較圓」，因此西方的一切也都十分先進的。於

是當西方某位育兒大師寫出一系列育兒叢書時，中國媽媽們就大量買進並開始跟著學習。於是你可以看到：各個書店裡都可以看到一大堆懷孕的準媽媽購買各式各樣且各學派的育兒寶典，手機上的APP、社群軟體或微信公眾號上也是一堆各式各派且各說各話的教養社群或知識網絡，結果你問那些媽媽們，看完後知道怎麼帶孩子了嗎？沒有一個人說得出來，因為這裡完全沒有一個能統一經過驗證的標準。

也有人會提到：現在關於育兒的相關書籍和傳播媒體內容，不都已經是基本的了嗎？從怎麼胎教？哺乳期應該如何對待孩子？應該如何餵奶？應該如何照顧嬰幼兒的睡眠？應該怎麼去關注孩子的情緒？等等。然後孩子長大一點，到三歲以後就要做什麼做什麼等等，不是都一致性了啊？像是要帶孩子接觸大自然、不要給太大的學習壓力、在上小學至初中的學習過程中都要培養一種開放式的思考邏輯，而不重視競爭壓力的自然式學習方法，一切依孩子的興趣去發展。而這難道不就已經是最主流的教養方式了嗎？

是的，這種主流是西方的主流，但適合東方人的成長背景嗎？這就是對的嗎？它符合胎兒、哺乳期的嬰兒，或者三歲左右的幼兒發展規律嗎？完全接近大自然就是對的嗎？沒有任何壓力，沒有任何的競爭，那就是對的嗎？……我們大人們是否就在潛移默化中一昧地跟隨西方世界各種所謂主流去學習，卻忘了思考：「我們的孩子真正需要什麼？真正適合什麼？」

這裡有一個很重要的論點：那就是所有西方育兒教養學派及理論都是片面式的，不成系統的，都是各自領域各說各話的，同時存在著沒有經過長時間驗證的結果，以及跨文化及種族的研究。

那麼西方世界在育兒學方面沒有讓大家共同遵守的主流理論體系嗎？而這些體系難道就沒有驗證或證明過自己的育兒學嗎？答案是有的。

從西方的心理學發展起來之後，在行為主義心理學上有個行為主義流派，代表人物是約翰‧華生（John B. Watson）、伯爾赫斯‧弗雷德里克‧史金納（Burrhus Frederic Skinner），也

是當時享譽盛名的幾個行為主義流派大師。他們提出了一整套的行為主義流派的育兒理論體系，曾大規模盛行於西方國家，並被大家奉為經典，更奉為育兒的聖經。

而華生和史金納的這套行為主義心理學流派的理論是從哪來的？其實是透過動物實驗中所得來的理論。尤其是史金納訓練鴿子、老鼠，並善用「獎懲」方式得到回饋理論，更是被奉為經典。從二〇年代～七〇年代，全世界都在討論這個理論，主張訓練人就像訓練動物一樣，而且要從哺乳期開始訓練。不過，到了七〇年代這個理論整個被拋棄和否定。因為經過時間的最終驗證結果顯是：這套理論方法用在育兒和成人身上完全不合適，因此最後以失敗為告終。這失敗的對那一代孩子的影響後果讓人震驚，大家可以去查找相關資料詳細閱讀。

從行為主義療法、行為主義流派失敗以後，一直到現在，西方的育兒學教養之道就一直處在摸索狀態。幾十年來，雖然在育兒方面又提出了無數的理論，但都沒有通過最終的公認的標準。

所以現在整個西方就在育兒、教養和教化這三個階段裡，最終還是沒有一整套的成型體系。

　　然而我們中國的父母們還都在不知所以然地拼命地在跟隨，實在是可悲。

來自佛教及范明公體系的教養學

　　來自佛教及范明公體系的目標是「拔眾生之苦」，這對育兒學教養之道又有什麼關聯呢？

　　在法門中，因為持有的是這套華夏中華的文明智慧體系，所以它不是局限的、不是單面體的，而是全面性且多元的，目標就是拔眾生之苦。所謂「眾生之苦」其實指的是人生八苦，是哪八苦？生、老、病、死的四苦，然後是愛離別的苦、怨憎苦、求不得苦，還有五蘊器之苦。

　　就我們的身體，本身就是苦，所以這個八苦當中第一就是生之苦，然後是老之苦，病之苦。尤其是生、老、病就是苦中前三名，人人都得經歷。因此要拔眾生之苦，可不是大悲咒念一念，

讓眾生什麼苦就全都解了。這並沒那麼簡單，光生之苦，你想想出生怎麼是苦呢？孩子自然而然的出生，即然生下來了，孩子又怎麼能苦呢？

大家都應該知道一出生的嬰兒全都會「哇～哇～」的哭，應該沒一個孩子是笑著被生出來的吧？為什麼呢？因為苦啊！顯示當孩子在媽媽肚子裡時就開始受苦，怎麼理解呢？

因為大自然的奧祕，使得女人能懷上孩子，但「能懷」和「會懷」是兩個概念，不是說要懷就能懷上了，然後就能出生了。要知道，當你懷上孩子，卵子和精子一結合成受精卵著床的那個時刻開始，一直到嬰兒出生的這個階段，媽媽肚子裡的胎兒正在經歷什麼嗎？孩子是怎麼樣在媽媽的體內不斷成長？是良性成長？還是惡性成長？有沒有受到傷害？又怎麼傷到孩子的呢？孩子在怎麼樣的前提下會健康長大呢？如何在整個孕期中都能感覺到溫暖和安全，不會有孕吐的醜態呢？……請問以上這些你都懂嗎？恐怕能懂的沒幾人。

可見，孩子在媽媽肚子裡十月懷胎，基本上

都是在哭。

而這「生」就是「苦」的開始，例如：你長大了以後反而容易生病，為什麼呢？這些病有的是大人生活現實中的障礙、心理的不健康等等，其實都是孩子在胎兒期、哺乳期、幼兒期時被大人們所種下的傷害病灶。作為范明公的弟子都懂。

不要單單以為念念大悲咒，就能讓眾生直接上天堂了、幸福了、美滿了。不，這並不是拔眾生之苦，只是迷信，只是一般人的以為。

在范明公中針對「拔眾生之苦」，是有一整套智慧體系，而其中育兒學在這套體系中占有非常重要的組成部分。我們因為掌握了這套育兒學的體系，在針對成人的各種病症、各種心理的不健康、心理扭曲等時才能徹底的根治它，而它也才能真的為世人所實用，更顯示東方的育兒學是偉大中華智慧的又一精髓。

范明公教養的理論可被西方科學實驗印證

我們需要去掉一個概念：西方都是絕對的先進的，西方的一切的理論都是有科學性的。當然我們非常尊重西方的心理學實驗、腦神經科學的實驗，這方方面面的對人體生理結構的實驗，我們一定要尊重它、肯定它。

因為我們法門的整個育兒學、教養學及教化學，都是能用西方的這些心理學實驗的結果來說明的，它有它的可取之處。

但就西方理論在育兒、教養、教化的實際運用上，是沒有歷史傳承及有效驗證的基礎。而且

父母教養便利貼：

來自佛教及范明公體系的目標是拔眾生之苦，因為一出生的嬰兒全都會「哇~哇~」的哭，顯示「生」就是「苦」的開始，所以這套華夏的文明智慧體系，不是局限的、不是單面體的，而是全面性且多元的，目標就是拔眾生之苦。

所提的理論體系都是支離破碎的，因此千萬不可以直接拿過來應用在我們東方人的育兒、教養、教化的實證上。

26

第二章
東西方教育體系的起源及差異性

到底西方的教養學和東方的教養學和教育學有什麼區別？

只是光有結論是不可以的，我們必須有理論及根據，

必須釐清脈絡和一些證據，以此作為比較，

才能清楚東方的教育和西方的教育差別在哪裡？

不同點在哪裡？西方教育的優勢是什麼？

東方的教育優勢又是什麼？

如此一來，才能為我們的孩子選擇最適當的教養方式。

早期東西方哲學家的差異性

簡單來說，西方的教育和東方的教育各有利弊、各有優劣，因此不能斷然說東方教育好或者西方的教育不好，這個結論都是不對的。我們要認清東方的教育模式和西方的教育方式的優缺點，取其所長，避其所短，這樣才能把東西方教育的長處結合起來、整合起來，達到最好的教育精英目的。

現代人在講述「古代的東方」時，都清楚知道東方僅僅指的是中國，而在古代的中國是非常重視教育的。但現在中國人難道就重不重視教育嗎？其實也十分非常重視教育，只是現在的中國人教育孩子的方式和古代的中國人教育孩子的方式是一樣的嗎？答案是顯而易見的——兩者是截然不同的。

因為現在的中國人教育孩子方式完全和中國古代的傳統教育方式一點都不沾不上邊的、是沒有任何關聯的。探究其原因在於，現在中國的教

育方式全部來自於西方的，而現在中國所施行的學習模式其實是來自於前蘇聯。

如果要追根溯源來講的話，前蘇聯的這一套教育模式是由18世紀的普魯士教育制度延伸而來的。普魯士的教育制度如果究其根源，其實是來自於中世紀的修道院學校。而普魯士的教育制度又是從哪來的呢？這就涉及到西方教育的淵源及模式，還包括西方教育的重點發展方向。

中國的教育哲學結合六藝及六經

西方雖然在西元前500年左右也出過一些哲學家，例如蘇格拉底傳柏拉圖，柏拉圖再傳亞里

父母教養便利貼：

要認清東方的教育模式和西方的教育方式的優缺點，取其所長，避其所短，這樣才能把東西方教育的長處結合起來、整合起來，達到最好的教育精英目的。

斯多德，若考察起來，也和中國的孔子基本是一個時代的，但是西方哲學家和孔子不同點在於什麼？孔子說：「信而好古，述而不作」，指就的是「傳授知識而不從事創作，相信先人而又愛好古代典籍」，講簡單點就是把夏商周時代甚至遠古以來所有的賢君聖王之所作所為，透過官學集其大成並發展下去，又加上《易經》融合而成一個大的系統。換句話說，中國的教育哲學是總結上古以來一直到夏商周所有的大智慧所形成的一整套體系。無論是對宇宙自然的認知，對宇宙真相的掌握，對宇宙運行規律的認識等等，都是一整套的東西環環相扣，非常周密。

30

　　對照同時代的西方哲學家，所提出對宇宙的認知卻都是碎片式的，是沒有一個整體性體系的。

　　而且在孔子所處的這個時代，便已經系統性的分門別類傳授他的智慧，也就是現在我們經常說的孔子儒學六藝，也是西周前貴族教育的六個學科：禮、樂（詩）、射、御、書、數，都是對上古智慧體系集大成而成熟的一整套體系，並透

過孔子修訂的《詩》、《書》、《禮》、《樂》、《易》、《春秋》六經方式記錄及傳承下去，而這便是中華教育的起源。

但相對而言，代表中華文化的系統性教育哲學則是不是從孔子開始的？恐怕就值得深思了。這部分到後面章節，我們在講東方教育體系的根源以及脈絡的時候會更詳細介紹。

統一語言讓中國上古的知識系統流傳

回到同時期的西方哲學家，對宇宙的認知仍是碎片式的、不成系統的，而且它的傳承方式也不是大量或大規模的傳承，而是跳躍式的。

為什麼？因為教育想要大規模且有系統的傳承是有一個最根本的前提，那就是「語言」——要有統一的語言。在有統一語言的前提下，無論是聖人或是哲學家，他的思想才能廣泛的傳播、傳承。

在中華民族發展過程中，很早就有統一的

語言。夏商周的時候，這些位處於中原地區的核心部落就已經有了統一的語言，根據《論語·述而》：「子所雅言，詩、書、執禮，皆雅言也。」所以「雅言」 指自上古以來中國各朝的通用語言，通行於中央官方和文人群體。有了這個統一語言做基礎，才能將中華民族整個知識結構及系統大面積的廣泛傳播著，傳承至現代。

　　所以上古時代的中華是指河南洛陽至開封一帶為中心的黃河中下游地區，又稱為「中原地區」，而中原之外的地域，依方位分？「四夷」，就是東夷、西戎、南蠻、北狄，就是「蠻人」。蠻人是什麼意思？他們有自己的語言，但是卻沒有雅言，只有自己的方言，就融合不到中華整個大文明當中。但是到了後面因為戰爭或經商也一點一點的統一了華夏的語言，尤其秦始皇統一六國之後，向北影響到匈奴，向南攻下了百越，也就是指長江之南沿海一帶的古越族人分布地區，包括現在的廣東、廣西、福建、安徽這一帶，把南蠻、蠻夷等同化到中華大民族當中，統一了語言，統一了文字，這是非常偉大的功績。

因此，中華文化的教育才能全面統一的推廣。這也是西方文化根本無法比擬的。

要從教育的淵源談起，如果沒有語言做前導或前提的話，就無法有統一的教育模式及導向，來對比東西方的教育差異性了。

西方的教育強項在大學教育體制

中華文化在春秋戰國時期就已經統一語言了，秦朝就統一了文字，對照西方文化，西方是指歐洲，歐洲什麼時候有統一語言的？從古希臘時代開始，雖然有了蘇格拉底、柏拉圖、亞里斯多德等偉大的哲學家，但古希臘採城邦政治，於是在小型邦國成立及各國爭霸後，接著在凱撒大帝統一羅馬，為古羅馬共和國，古希臘也被羅馬併吞。至此語言、文字都不統一，所以為什麼我們一直說西方是碎片式的，而整個歐洲統一文字是很晚的事情。

但或許你會質疑：但西方在中世紀之前有

一些文化的傳承，不是嗎？有，但是都是碎片式的、零散的，都是一些哲學家私下所教授的一些弟子，比如說蘇格拉底教導柏拉圖、柏拉圖傳授給亞里斯多德等。但是，大面積或大規模的傳播教育體制是不存在的，根本沒有那個基礎。

那麼現在西方教育體制又是以什麼為主流基礎呢？答案是大學教育，因為在西方世界裡大學教育做得比較成功。現在中國所有的教育都是取自於西方一整套的大學教育體制，而這裡的大學教育主要是以自然學科為主，所以若以此為標準的話，東方和西方的教育就差之深遠，沒法比。

但如果是從整體性的教育著手，包括對宇宙自然的認知、對宇宙真諦的把握，以及對人文的教育、哲學的教育、做人處事的整體性教育，中華文化就遠遠的超越西方。不過現在，我們已經把遠古流傳下來的這一整套行之有效的教育模式及教育內容完全拋棄了，這是非常可惜的。

西方文化中的中世紀神學教育體系

　　因此，在這裡著重介紹一下西方世界何時開始推動具規模的教育體系，它是怎麼興起的？它又是一個什麼樣的脈絡？如此一來就會知道現在領先於世界的這些大學教育體制是怎麼來的？便能知道西方的教育優勢在哪裡？接下來，就從西方文化的兩大區塊著手。

　　之前提到整個西方文化的大學教育，其實是從中世紀的修道院學校發起的。因為，如果西方有一整套完整的教育體系，就是神學的教育體系。根據文獻顯示，西方文化中有關中世紀之前所有的研究、所有的智者，所謂的成系統教育脈絡，最具規模的就是對神學的研究。

　　但神學的研究也就是局限於基督教如何解讀上帝的學問，包括對神的修學、對神的領悟、對神的啟發、如何信奉神等等，卻不存在其他世俗的規模性整體教育。所有的智者或者掌握一定知識的人，基本上都是在神學角度上發揮了作用。

修道院學校發展三個階段

　　而且西方文化的修道院學校發展大致分為三個階段：

　　第一階段為5～7世紀、
　　第二階段是指8～10世紀、
　　第三階段為11、12世紀。

　　修道院學校發展第一階段為西元5～7世紀，相當於中國的隋唐時期。這個階段由修道院裡所控的所謂「學校」主要是培養牧師的，而且那個時候根本就沒有涉及人文學科或者自然學科，都是神化、神性的教育。相較之下，中國卻處在漢

父母教養便利貼：

如果西方有一整套完整的教育體系，就是神學的教育體系。

唐鼎盛時期，東方的文明、文化以及各個知識領域都已經達到了空前的巔峰狀態。

　　修道院學校發展第二階段是指8～10世紀，其實對應中華文化已經到了宋朝的時候。這個階段西方的修道院教化已經從完全神學、神化的教育，開始一點一點地涉及到一些自然、語言、邏輯方面的教育體系。而且修道院可以向民眾放開了，因此學校分為內院和外院教授，內院主要還是以神學為主，外院就有一些法律、邏輯課程，有一些數學幾何課程，而這被稱為西方古典時代的「七藝」的培養。

　　所謂修道院學校對外傳授的古典「七藝」，包括語言、邏輯、數學、幾何、天文、音樂等，與中國孔子說的入學「六藝」：禮、樂（詩）、射、御、書、數，相比較一下就知道西方側重於什麼？而我們中華的教養教育側重什麼？而且西方的古典七藝要到中國宋朝的時候才出現，相較孔子的六藝，從周朝到宋朝都快3000年了。對比一下就知道了，不是說厚此薄彼，都是用歷史說話的。

8～10世紀為什麼可以向外授課了？因為大量的歐洲青年人對知識的渴求度是非常強烈的，哪裡能教知識就向哪裡聚，因此都彙集在一些修道院學校裡學習知識。這裡其實還涉及到語言統一的問題，因為西方國家在這個時候語言、文字逐漸統一了，這種前提下，西班牙的青年就可以到法國、德國的修道院學校求學。換句話說，也因為歐洲的語言和文字逐漸相通了，才會出現修道院學校開始逐步的向民眾放開了。

我們知道其實那個時候，只有歐洲的皇室才有資格受教育，因此是沒有特定學校的，因此歐洲官方單位便鼓勵修道院開放，除了內部教化外，也自發做起了向民眾教化的職能，這個是西方的修道院。

修道院學校發展第三階段為11、12世紀，這個時候才開始具備了現代學校的特徵。對應中國年代則是進入宋朝末年，因為西元1279年南宋就滅了。而這個時候的西方學校還是以修道院為主，卻開始有了分科教學，如同現在的大學分科教育，這才具備了現在的教育特點、特徵。對

照一下中華文化何時有分科教學的？最顯著的分科教學就是孔子時代分六藝，教授六個科目。可見，中國從2500年前就已經有了分科，但經過1000多年以後，西方才有了分科教學方法。但事實上，我們古代教育也不是由孔子開始分科，從周初的王官學，也就是官方辦學，就已經分了四科——詩書禮樂，而周初距離現在3000多年了，再對照西方分科教學的出現，中間差距多少年？

因此接下來要著重講一下這三個階段，這樣對西方的教育脈絡才能清楚掌握，才能跟東方教育來做比較，以認清東西方教育的差異性。我們不主觀的論述哪好、哪不好，就用事實來說話。當父母清楚知道東方和西方的教育優劣在哪裡，才能在教育上廣博采擷各家所長，形成適合我們自己現代中國人的教養方式，如此一來才能真正落實到孩子身上，並對孩子好。

父母教養便利貼：

西方修道院學校發展三階段：第一階段為5～7世紀、第二階段是指8～10世紀、第三階段為11、12世紀。

第一階段，5～7世紀的修道院式教育起源

　　修道院式教育的出現有什麼歷史背景？學校又是怎麼興起的？其實這個歷史背景就是西羅馬帝國的崩潰及滅亡，使得修道院開始接起了它的教育事業。

　　因為西羅馬帝國滅亡以後，整個西羅馬的原有教育系統就破滅了，導致社會的文化水準急劇下降。在這個背景下，修道院裡的修士們才開始承擔起了文化教育的責任。於是開始有一些修士手裡拿著拉丁文法的教科書，同時一手拿著聖經，以教學的方式進行傳道。畢竟修士的目的還是傳教，讓老百姓透過基督教來信神、信上帝，但是天天給人家講聖經、講神，很難吸引眾生。因此有一批修士們就假借羅馬帝國滅亡之後，年輕人對知識的渴求，因為掌握了這個需求，透過「我教你法律，我教你醫學知識，教你文學知識，教你數學知識」的方式來達到傳教的目的。

　　其實這種模式到現在都存在著，全世界有很多的教會學校，我在傳給你自然科學的時候，同

時得傳達基督教義，你得信我的上帝。所以現在有很多的，比如香港或者國外，西方很多都是基督教為背景的學校，有幼稚園、小學、中學、高中，甚至到大學，這就是西方傳教的一種方式。透過傳教為動力的這種方式把世俗的教育承擔起來了，讓更多的百姓平民信教、信上帝。同時，也用這種方式教導百姓科學知識。後來發現這種方式傳教效果非常好，逐漸整個教會就形成了共識，培養有知識的修士就成了當時教會的必然需求，也因此形成了修道院學校。

而真正的第一所修道院學校，是在哪裡建立的呢？是在義大利，它的名字叫做「維瓦魯修道院（Vivarium Monastery）」學校。建立者叫「卡西奧多魯斯（Flavius Magnus Aurelius Cassiodorus）」，是一個終身致力於恢復教育事業的教育家，是他把修道院這個學校向世俗傳遞知識，以此傳教，把這個教室變成有知識的教室，從他這兒開始成型的。

這個人挺有意思，卡西奧多魯斯本人受到過很好的古典時代的教育，所以他當時在羅馬帝

國的時候一直想要從事教育，但羅馬帝國在當時已到了末期並根本不重視教育，卡西奧多魯斯回到了家鄉南義大利，用自己的家業依託修道院創建了維瓦魯修道院學校。卡西奧多魯斯有一句名言，翻譯成中文為：「讓古人的學習任務成為我們的學習任務吧！」講白話一點就是讓我們像古人一樣學習。

　　而這所學校其實就具備了現在大學的特徵，例如：第一，現在所有大學裡必須有圖書館，就是從這個學校開始的。第二，它包含了大量的世俗知識，尤其是把古典時代的七藝繼承到教學的內容之中，從此時開始。第三，基督教學校所傳授給傳教士的授課方式已成為當代傳遞世俗知識的教學模式和教學內容。

　　因此，維瓦魯修道院學校將具有一整套行之有效的世俗化知識傳授開來，並藉此來吸引信徒，發現效果非常好，所以很快這一整套模式就在西歐範圍內傳播開來，開始複製。同時這過程也吸引了新崛起的各個王國政權及基督教會的注意。像英格蘭的國王就邀請修道士到他的國家興

建像這樣的修道院學校。於是，修道院學校作為歐洲的一種教育模式，在教會和國王共同勢力的支持下就被確立起來了，至此歐洲才有了一個統一的全民式的教育。

這個教育其實也是有分類的，如同現在的學科制，分為小學、初中、高中、大學。但那個時候的分類，分為主要是針對5～10歲孩子的初級教育，主要教導5～10歲的孩子學認字、學語言、基礎數學，就相當於現代的小學。教學方式主要以抄寫經典為主，並在抄寫經典的過程中識字，以對所謂的《聖經》內容有所掌握，也因此讓大量古典時期的經典能夠有所保留，尤其是基督教的這些經典。

之後，如果學得不錯，畢業了就能成為牧師，可以出去傳教了。因此，修道院式的學校就是以培養有知識的教士為出發點。如果還想繼續學習的話，可以作為修士，留在修道院裡繼續學習。

至於10歲以後，就學古典七藝。古典七藝又分文七藝及武七藝，後者指的是，歐洲騎士七

藝：游泳、投槍、擊劍、騎術、狩獵、弈棋、詩歌。瞭解這些知識的形成過程，就會對西方整個教育脈絡十分清楚了。

關於西方的七藝與中國的六藝

西方有所謂的古典七藝：第一是邏輯。第二，是語法。第三，修辭。第四，數學。第五，幾何。第六，天文。第七，音樂。這七個科目中，邏輯、語法、修辭，代表語言。後面數學和幾何分開，因此西方教育的幾何學確實比東方人還要先進。另外，還有天文學及音樂。從這裡可以發現：西方的古典七藝都是以對自然科學的領悟開始的，但跟「人」沒有關係，像人文、人哲、人倫、人心、人性等。

但在孔子年代的六藝及六經，是中華文化整個官方教學的基礎所在。我們的六藝，包括了禮、樂、射、禦、書、數，講授了整

個社會學、政治學、溝通之道、管理之道、成功之道、行政之道以及自然科學，甚至還包括了宇宙的真相、宇宙的運行規律的掌握，是一套完整的體系。尤其是中華古代的教育更側重於人心、人性、人倫、人文、人哲的這方面的傾向，而六經又是在六藝的大前提下，昇華至另一種深度。因此可以說，中華的六藝、六經是以人為本，並以「三不朽」為導向、為目標的教育過程。而這裡的「三不朽」，就是立德、立功、立言。

所以，將西方的古典教育和東方的古典教育相比較會發現之間的差異，並高下立見。而西方的現代教育就是從古典教育延伸而來的，它的宗旨從沒改變過。東方教育自古以來的這一整套教育方式、教育內容也沒變過，只是近100年來中國人已經完全把我們祖先的這一整套施行了幾千年的行之有效的、非常偉大的教育體制、教育內容徹底拋棄了，全面轉向了西方。

第二階段，8～10世紀的修道院式教育興起

　　第二個階段，修道院學校開始深度的影響世俗世界。它不僅僅是以神學，而是透過知識來大量培養有求知欲強的優秀青年，並通過他們來影響世俗世界。截至目前為止，西方宗教還在用著這個方式大量培養優秀學生來控制著整個世俗世界的發展，所以中世紀的後期其實教會的力量非常強大。

　　這階段也有一個標誌性的人物，在西元796年查理曼大帝（Charles the Great）任命阿爾坤（Alcuin）作為聖馬丁修道院的院長，這是一個標誌性的事件。這代表著阿爾坤致力於把這所修道院辦成以教育和學術為中心的學校，逐漸形成了現在的大學分科、高中分文組或理組的一套教育體系。阿爾坤主張按照讀、寫和算，把學生分別分成不同的班級進行教學，並且每個班任命一個專門的教師來負責，如同現在的導師或班主任的形式。在修道院學校裡「讀」是讀聖經、讀經

典，「寫」是抄寫經典，「算」是指自然知識、數學、幾何、天文等，這不就是相當於理科嗎？把喜歡「算」的這些同學分到一起，這些人之後就成為天文學家、數學家、幾何學家、建築學家，這些工程都從這兒培養出理科的專業人才。至於讀、寫，就是屬於文科這方面的人才了。

查理曼大帝本身就非常重視教育，尤其是學校的教育，同時到此時，現代的西方教育雛形就出來了，因為這代表著一種全新的教學模式在歐洲生根發芽，也就是現代的班級教學制和學科教學制，在這個時候成型了。這更利於普及，也代表修道院式的學校不僅僅是純粹的培養修道士的地方，開始成為許多貴族接受教育和培訓的地方。換句話說，西方貴族正式接受教育就是從這

父母教養便利貼：

義務教育的雛形出現在九世紀。教育分成了初級、高級；初級就學邏輯、語法、修辭，修辭文法作為第一個階段，這叫「三學」。數學、幾何、天文和音樂就作為高級階段，叫「四藝」。

個時候開始的。而這時期修道院式學校教育又分為內校和外校，內校就是培養修士、教士，外校就是培養貴族。

更具體來說，從這個階段開始，教育分成了初級、高級，至於內容，主要是以七藝為主。七藝又叫「三學四藝」，初級就學邏輯、語法、修辭，修辭文法作為第一個階段，這叫「三學」。數學、幾何、天文和音樂就作為高級階段，叫「四藝」。

而查理曼大帝由於這一套教學模式的形成受到了基督教會的重視，同時也得到了貴族的認同、認可，因此查理曼大帝就頒布了類似強制義務教育的法令：第一個要求所有的修道院必須辦一所能收貴族的學校。第二個則是要求所有的貴族必須把孩子送到修道院這樣的學校學習文法知識，以普及教育。這在西方教育體制的形成過程中起了非常重要的作用。換句話說，在九世紀左右就已經有義務教育的雛形出現。

第三階段，11 ～ 12 世紀的修道院式教育推廣

　　到11～12世紀的第三個階段，靠的就是基督教學校不斷發展就構成了現代學校的教育基礎。但教育的模型已經有了，又怎麼向全歐洲推廣的？其實有兩個根本的原因：第一個原因是城市化的發展，第二個原因是十字軍東征、十字軍運動。在這個過程中，教會就利用這種趨勢大肆擴張，發起了克呂尼運動（Cluniac Reform），在歷史上非常有名的。

　　這場運動是以修道院為中心，強調應增強修道院的自主性，修道院的學校取得了長足進展，也就是神權超越於王權、皇權，歐洲那些國王都得是教皇給他們加冕，教皇代表的是上帝。

　　由於這時修道院式的大力發展，後面就出現了很多有影響力的學校。現在很有名的這些大學，其實也都是從修道院學校分出來的，比如說西洋中世紀「母大學」之稱的巴黎大學（Paris University），就是從巴黎聖母院教會學校分出

來的。又比如貝克修道院學校在數十年的時間內培養了三個英格蘭大主教，很多外國學生也願意到這裡來學習。後來這間學校因為來上課的人太多了，逐漸校區教室就從修道院擴展出去，形成了自己的教學區域、教學樓、宿舍樓之類的，於是世俗的知識一點一點的脫離了所謂的神的教育，也從修道院一點一點的脫離出去了。

貝克修道院學校在後面幾任校長的拓展下，在學校裡推行了許多深刻的教學內容。比如有亞里斯多德（Aristotle）的辯證法、西塞羅（Marcus Tullius Cicero）的修辭術，表示這個時候的教會學校已經把一些頂尖古代哲學家的思想成果用來教授學生了，也大大提升了傳教者的教學水準。之後發展成大學，又一點點形成了各個學院，形成了各個專業領域，比如現在美國的史丹佛大學，其理工科都是從四藝中的數學、幾何學、天文學發展起來的，而藝術科系則是從所謂的音樂發展起來的，都是從古典七藝這個雛形一點點延伸發展，但回溯其根源都是來自神學院、修道院的。

而早期最有名的這些大學就是這樣成立的。

所以說，當11、12世紀時修道院學校進入第三階段，其實已經做好了現代大學的雛形，在當時蓬勃發展，但後面由於世俗社會的發展，修道院學校就進入到了一個沒落的階段，第三階段也就過去了。

西方的「神本」與東方的「人本」

因此再回想西方的大學教育模式，在發展初期都是為了更好地傳教，才發展了大量世俗的知識，彙集了世間能掌握各種頂尖哲學或者擁有自然科學能力的這方面人才。為了傳教，你的口才就得好，知識水準就得高，以此來吸引世俗的注意力。你得掌握修辭，你得有辯證，才能說出令人信實的話語，而這些才能都得學。之後的自然科學、數學、幾何這些東西，則是用來證明宇宙就是上帝造的並用數學公式來計算，物理公式來推導上帝是存在的，一切自然科學理論都跑到了神學裡。

而東方的教育側重的是個體、自性的成長，強調的是自我的圓滿，無論是人心也好、人性也好、人哲也好、人文也好，都是教你怎麼做事，教你怎麼做人。

　　但西方文化並不存在這個問題，所以修道院式的學校推廣開來，就是告訴世俗大家——你不存在自己怎麼學，你只要聽上帝的話、信上帝，並還要讓別人也聽上帝、信上帝，由此發展出了其邏輯學、語法學、修辭學。而且為了吸引廣大的平民及貴族們信上帝，能夠成為信徒，發展出它的數學、幾何學、天文學、音樂學這些世俗的知識，來吸引眾人進入修道院學校。

　　所以談到歐洲的教育發展是離不開信仰的，也離不開宗教的傳播，都是以神為本，因此這個叫「神本」。而中華的教育是以人為本的「人本」。

父母教養便利貼：

因為唯有站在較大的格局，掌握最大的結構，瞭解大脈絡的前提下去學習這門教養學，才能真正做到知己知彼，並找對要走的方向。

修道院學校雖沒落，但教學模式及方法
被繼承下來

　　到底12世紀以後發生什麼事呢？導致修道院學校沒落？在於成吉思汗的崛起，大大影響了西方歐洲世界。因為蒙古人打到歐洲了以後，再加上百年的大瘟疫，導致歐洲整個社會結構徹底變化了，同時學校的教育模式也因此而脫離了修道院走向了民間。所以雖然整個修道院學校沒落了，但是它的這些教學模式、教學方法已經教學內容可都是被繼承下來的。也是從這個時候開始，教育才成了一門藝術，才成了一門學問。在這裡簡單地把西方的教育模式如何從修道院學校發展起來的過程，如此一來就能清楚西方的教學方向、教學模式及教學內容。一切唯神、一切唯上帝，那是在中世紀的時候。其實到了14～17世紀的文藝復興之後，西方就掀起了反神學的思潮，這時的大學反而成為一個所謂的科學陣營，研究自然科學去了，也就慢慢脫離了教會，脫離

了修道院，脫離了神。

　　透過歷史瞭解現在的西方與東方的教育體制源由，就會知道為何西方的修道院學校會發展成普魯士的教育體制，然後延伸到前蘇聯的教育模式，而中國又為何在早在60年前全面無條件的向前蘇聯學習，一直到現在？而這套前蘇聯的教育體制到底適不適合中國？適不適合培養中國的人才？和我們古代的教學模式、教學內容以及教學方向能否契合？還是背道而馳？再來就是比較東西方教育優勢，西方有哪些優勢？東方的優勢為何？……而這些問題都必須從西方教育體制的來源討論起，從中世紀開始講起。

　　至於中世紀前的羅馬帝國、歐洲更古老的教育模式反而不去講，是因為這些已經在歷史長河中沒有意義了。因為西方的教育從大的角度來分講的幾個大階段，互相能聯繫的並不多，都是片面式的、碎片式的。而現代的教育體制究其根究其源是在中世紀時，一點一點形成及發展而來的，所以中世紀之前的教育模式跟現代的教育體制是沒有關係的。

短短百年放棄東方教育體系轉向西方的原因

　　至於西方和東方中華文化的教育體制、教育內容、教育模式有什麼不同？不同處在於中華文化的整個教育體制、教育模式甚至教育內容自古就有，從夏商周時建立基本架構，經過孔子的完善紀錄及實地施行，形成一整套的教育體系，包括了教育體制、教育模式、教育內容。

　　這2500年來，我們一直沿用著，就意味著在民國之前，甚至100年前，中華文化的教育體系是一脈相承的，沒變過。卻在近100年，我們徹底放棄了、否定了一直以來沿用的教育體制，然後完全西化。從1905年廢除科舉制度開始，然後廢除經典，再往後興辦西學，下令全面西化。之後，新中國成立更全面向前蘇聯學習，於是逐漸的一點一點把我們所有教育體系整個大轉向，並把從上古以來就一直在應用並行之有效的中華文化教育體系、教學方法及模式徹底拋棄了。

因此在下面第四章，我會著重講解一下中華文化的教育體系，其源頭、脈絡、教育模式以及教學內容。因為唯有站在較大的格局，掌握最大的結構，瞭解大脈絡的前提下去學習這門教養學，才能真正做到知己知彼，並找對後面要走的教養方向。

第三章
西方大學體制的出現、演變及影響

瞭解西方教育體系的起源是從修道院學校開始，

但西方根深柢固的教育思想又是從何而來的呢？

又是如何影響至今呢？

另外，在修道院之後的教育體系又有何轉變？

對現在父母們對孩子的教育看法及教養理念

又造成什麼影響呢？

古希臘和古羅馬對西方教育的影響

　　其實按照現在的專家們的說法，西方教育
體制建構之前，其實前面還有兩個階段的教育歷
史：一個是「古希臘教育」，一個是「古羅馬教
育」。也就是說，從現在西方國家所達成的歷史
共識來講，多半把古希臘的教育當作是西方現代
教育之源頭。

　　在古希臘階段時，西方就已經形成一整套的
人文、哲學、自然科學的教育體系。後來，由於
羅馬帝國的建立，便把古希臘的教育體系整個納
入古羅馬的教育過程中，形成了自己另一套教育
體系。然後，隨著古羅馬的滅亡，修道院式的學
校興起，也就產生另一個新興的教育體系；換句
話說，修道院式學校可說是在古羅馬的廢墟上建
立起來的。

　　但是在前面一章探討西方教育的脈絡、淵源
與脈絡時，卻不太講解古希臘和古羅馬的教育模
式和教育的體系。為什麼呢？因為西方的古羅馬

和古希臘的教育模式及體系是否真正存在？到目前為止，仍是一個具爭議性的問題。而且存在及發展的區域又占歐洲極小的地方，因此若論定其可以代表整個歐洲的教育發展趨勢，或者是歐洲的普遍一種教育現狀？其實不好說。

因此如果從教育普及沿革的這個角度來講，要想形成一個全民化的教育體系，就必須要有基礎根據，才能站得住腳。

什麼基礎呢？就是語言文字。

全民普及化教育體系的判定基礎

首先，必須在廣大的區域內要有統一的語言、統一的文字，這個才是教育最基礎的狀態。而從語言文字角度來講的話，世界上存在著六種最古老的文字。是哪六種呢？

第一個是中國殷商時期出現的甲骨文，發展至今的漢字文化。第二個是西亞的楔形文字，發現的地點也就是在現今的伊朗及伊拉克這邊，早期叫兩河流域的蘇美爾文明，同時蘇美爾文明被

公認為世界最早的人類文明，因為文明一定有其文字，沒有文字，就不稱其為文明。第三種最古老的語言文字系統是埃及的象形文字，見證尼羅河的大河文明形成。第四種語言文字系統，據說是位在地中海上克里特島的線形文字，聽說是代表愛琴海文明。第五種最古老的文字是印度的哈拉巴文字，代表的是印度河谷文明。第六種的話就是中美洲的古文明，也就是墨西哥那一帶，這叫瑪雅文字。

這六種文字都在考古基礎上獲得證實的，並曾經在當時這一塊地方形成了一個文字的體系，因此它不是碎片，也不是零星的文明。但就文字發現的地點來看，其實這六種文字絕大多數源自於東方，例如甲骨文、楔形文字、線形文字、哈拉巴文字等等。而且，更確切的說這六種文字基本上都是圖像，而非真正的文字，所以跟現在的日爾曼語、拉丁語、英文字母等文字其實完全都不一樣。也就是說，現在西方所用的字母文字，根本就不屬於這六種古老文字的其中之一。

什麼意思呢？就這六種世界上最古老的文字當中，只有中國的甲骨文一直演變，然後延續到了現在中國人還在用的漢字，而且它應用的範圍就在中國的中原地區，占地非常的廣大。也就是說代表中華文化的華夏民族及後面的漢族，甚至現在站在講台上講話的司儀，都在用著同樣的文字，說著同樣的話。

　　至於另外其他世界上最古老的五種文字早就已經在歷史的推演消失了，消失的年代非常早，只僅僅在歷史上輝煌過一段日子而已。所以當現代的人或專業的語言學家試著去破解或解讀其他五種古老文字時，到底是不是當時真實的含義都不知道，因為那都是已經失傳了的古老文字。

父母教養便利貼：

這六種世界上最古老的文字當中，只有中國的甲骨文一直演變，然後延續到了現在中國人還在用的漢字，文明還在傳承中。

拉丁語系統一促使西方教育普及及推動

　　只有中華文化從上古一直到現在，因文字及語言的存在及演變，才延續不斷。而西方文化雖然現在普遍用英語溝通，但什麼時候才出現呢？又經過多少變遷呢？如果真的要探究現在西方語言的根源，基本都會追溯到腓尼基字母文字，之後再演化出希臘語系、拉丁語系、日耳曼語系，而希臘語系之後又變為斯拉夫語系，演變成現在西方的三大語系——拉丁語支、日耳曼語支和斯拉夫語支。

　　而拉丁語又是什麼時候使用的？古羅馬帝國時代就是以拉丁語為主要的語言。隨著羅馬帝國的版圖不斷擴大，拉丁語在中世紀的時候，在歐洲才開始漸漸流行，被大家所接受。因此，從這個角度來講，到了中世紀時才可以確認作為西方教育體系的源頭，是因為它的語言文字使教育及知識能被普及，並可跨國界的傳遞。因為不跨國界的傳遞，就無法稱之為整個西方的教育體系，僅僅代表一個城邦，並不能代表整個歐洲。

這也是為何古羅馬和古希臘不算在西方教育體系的歷史源頭上，因為它的文字和語言基礎都不具備，即使有教育體系，也只是封閉的、局部的一個區域，不能代表整個歐洲及整個西方國家。

所以說，要談論西方的教育體系就必須從大學體制開始，也就是從中世紀的修道院式的學校來講起，為什麼？因為它具備了兩個最基本的條件：第一，透過於羅馬帝國版圖擴大遍布歐洲，使得拉丁語成為各地共同的語言及文字。 第二，建立在教會的共同信仰基礎上，使得語言和文字也能跨越國界傳遞。

也因此，促使西方普及式教育管理體系的形成，發展到後期，在修道院的基礎上逐漸形成一些大學的出現。也就是說，當時大學的教育體系出現後，引領了現在最先進的自然科學研究，大大影響了現代西方的教育體系。因此，接下來將用一點時間大概聊一下，西方大學形成的背景及怎麼來運作的？對後代各科如自然科學及人文教育的影響？

世界第一所大學──義大利波隆那大學的誕生

　　話說世界第一所大學是建立在什麼地方呢？根據文獻記錄，世界第一所大學是誕生在西元1088年（約11世紀）的義大利的北部，名叫「波隆那大學（Bologna University，又稱博洛尼亞大學）」。這也是西方近代史上最具意義的第一所大學。

　　而這所大學怎麼建立呢？話說波隆那本身這是一個修道院，修道院裡頭有一個僧侶，就是修士，修士叫「格雷西恩（Gratian）」，他在西方的教育領域裡面占有特別重要的地位，因為他寫了一本教會的法律書，讓人知道西方的法律源自於教會，其實就是源自於神學。也就是說所謂西方的法律，就是建立在摩西十誡的基礎上。摩西十誡來自聖經舊約，講的就是上帝對人類的10個誡條，後來成為西方有著濃厚宗教信仰國家的法律基礎。想一想，那麼伊斯蘭教的國家法律基礎又是建立在什麼基礎上？沒錯，也是建立在古

蘭經的基礎上。因為信徒們認為古蘭經、聖經，或者摩西十誡，是上帝或神給人類的教條，所以上帝及神所說的話都必須得聽，並把所有世間的法律建構在上帝及神的言語上。

當時修道院學校分內院和外院，因此格雷西恩就開始來講這本自己撰寫的法律書，並告訴來求學的人們，上帝要眾人應該怎麼樣遵守戒律，怎麼聽上帝的話，不違背上帝的旨意。在當時吸引了很多年輕人，甚至其他國家的年輕人也都到義大利來學習這本書及律法的知識。

當眾人聚集時，就會有組織的問題。大家共同來學習，剛開始是很鬆散的，屬於私下的一個民間聚集活動，但當人數多了以後就會產生問題，比如說要租教室、要租房間等，會涉及到當地一些規定及與人談判，比如說地主、房東，因為都是外地來的這些年輕人，容易受到欺負，所以他們就組建了一個組織，叫「基爾特（Guild）」這樣的組織，也叫互助會。那麼有的人就跟格雷西恩來學法律，有的人就跟著懂醫學的僧侶學醫，所以自然而然的就形成了一個個

分科學習，於是「基爾特」這個互助會形式的組織便成為波隆那大學的雛形。而最早的時候，主要分了三科：第一個就是神學，這個就是屬於教會的本質，第二個是法律，第三個是醫學。結果到了12世紀，波隆那大學便成為了法律和宗教法規的中心，也成為近代吏上具有真正意義的大學。

　　等到西元1222年時，進入到13世紀，波隆那大學的一些老師們發生了分裂，有一批對學校的教育體制規定十分不滿的教師，帶領著一大批學生出走了、分裂了，到義大利帕多瓦（Padova）成立帕多瓦大學（The University of Padova）。這也意謂著中世紀的時候，大學就以這種方式不斷的分裂，形成，然後再分裂出許多大學。

法國巴黎大學的形成及所帶來的影響

　　事實上，在中世紀的時候，西班牙、法國、德國、波蘭這些地方都陸續出現了這種自發創辦

的大學，只是這個時候的大學基本上跟宗教都有直接的聯繫，比如上一章提到的巴黎大學（Paris University），就是從巴黎聖母院教會學校分出來的。眾所周知，巴黎的聖母院大教堂很有名，而在當時教堂裡的僧侶也必須對外去傳授各方面的知識。

　　而巴黎大學又是大概從什麼時候才有個雛形呢？約在西元1150年，有一個名叫「阿伯拉爾（Pierre　Abelard）」的年輕修士，就在巴黎聖母院主要講授神學和邏輯學，吸引了數以千計的各國年輕人到這來學習，來聽他的演講。

　　然後同時也出現一批不贊同他觀點和教法的一批學者，也跑到巴黎聖母院來跟他辯論，形成了非常自由的學術風氣。之後，在巴黎塞納河畔的一個小島上，就聚集這些喜歡學習並擁有各自觀點的這些學者們在這兒天天辯論，然後又有一堆學生跟著這些學者學習，便形成了巴黎大學的各個科系。

　　於是，這種以修道院為基礎自發創辦的大學，從義大利、法國等建構起歐洲本土大學後，

又影響到了西班牙，甚至一些德國、瑞典、匈牙利等這些好學的年輕人，也紛紛往這集中，就形成了自發的新創大學。

英國牛津大學及劍橋大學的興學及影響

再談到英國本土，最有名的大學，就牛津大學（University of Oxford）及劍橋大學（University of Cambridge）。

牛津大學是怎麼創辦的？什麼時候創辦出來的？其實牛津大學是一個偶然事件所創辦出來的一所大學。

據說在12世紀之前，英國是沒有大學的，人們都是去法國和其他歐陸國家求學。在西元1167年（約12世紀）的時候，英國國王亨利二世和法國國王路易七世吵架，結果英王亨利二世盛怒之下，召回所有在法國學習的英國學者和學生，並禁止他們到法國教學和從事研究工作。就如同現在的中美貿易戰，前美國總統川普把中國留學生

全都給驅逐回去一樣。

　　然後這一批人回來了以後，就聚集到了牛津，從事經院哲學的教學和研究工作，形成了繼波隆那大學和巴黎大學之後，歐洲第三個學術研究中心。於是有了這樣的背景及關係，西元1168年牛津大學正式誕生。

　　然後到了西元1209年的時候，牛津大學的部分師生因為居住問題，和當地居民發生衝突、打架群毆，認為牛津當地的老百姓並不歡迎他們，於是就出走，跑到劍橋，創辦了劍橋大學，也造就了英國的兩所最負盛名的大學。所以說看看這些大學學校的歷史還挺有意思的，也說明西方這些最著名的大學都半是這麼來的——都是透過某人發起，然後借助於修道院的勢力，然後又建構在有相同拉丁語系及文字上，再加上有相同宗教信仰的基礎上，一些歐洲年輕人然後奔向了這些自由的學術中心，然後自發性的創辦這些大學，就是其特性。

　　到14世紀以後，德國又開始發力，從海德堡大學（University of Heidelberg）開始。據說

在西元1600年（約17世紀初）左右時，歐洲就已經有108所大學了。其實接續中世紀，歐洲大學的陸續出現，為歐洲的文藝復興時代，包括宗教改革運動，做了相當大量的準備工作，直接推動了各國的科學和文化事業的發展，同時也促進了這些國家城市的經濟繁榮和商業的發展。

所以瞭解歐洲大學的誕生及興起，這不僅僅是要瞭解歐洲教育體系的發展過程，因應這些大學的出現，雖然，它是由修道院發起，但是隨後而來的自由學術氛圍，帶來歐洲文藝復興後，使得歐洲這些大學脫離了神學，也更著重研究自然科學，連同哲學思想也就一點一點的脫離了神學範疇，發展出蓬勃的心理學思想，進而影響到現今的教養學。

父母教養便利貼：

歐洲大學雖由修道院發起，但是隨後而來的自由學術氛圍，帶來歐洲文藝復興後，使得歐洲大學脫離了神學，也更著重研究自然科學，連同哲學思想也就一點一點的脫離了神學範疇，發展出心理學，進而影響到現今的教養學。

至於歐洲一直領先的科學及科技，也是從這時的大學基礎而來，這對歐洲來講是非常重要的發展。

美國擁有當今全世界頂尖的前 10 名研究型大學

再談到美國，美國建國比較晚，一直到西元1776年美國才建國，所以最早的大學出現其實比歐洲晚了500年，但是卻後來居上。現在全世界有三分之一以上的大學都在美國，全世界頂尖的前10名的研究型大學也全在美國。

美國現在經濟這麼厲害，科技這麼厲害，軍事這麼厲害，為什麼美國所有的技術都領先於世界呢？答案在於美國是一個重視教育的大國。

在20世紀七〇年代初，第二次世界大戰剛結束時，那個時候中國還是遍地的文盲，而美國的高等教育就已經普及到70％以上的年輕人都受過高等教育，這可真是很了不得的事情。

世界的學術教育和自然科學中心轉移是有一條路徑的，前面提到過最早是義大利，接著法

國、英國，然後是德國，現在是美國。這說明什麼？說明短短400年間，學術教育和科學、科技的發展就像雙胞胎一樣，是相互依存、相互促進的。所以美國多半是研究型的大學，從歐洲承襲了這一塊，當然跑得比別人都要快，要領先。

其實在西方的學者當中，就有針對中國教育發展了這麼多年，自上古以來就有了，為何今沒有發展出現在的科技呢？提出疑問，而這個人就是英國的著名的科學家李約瑟（Joseph Need-ham），在西元1930年的時候提出的。他編了一本叫《中國科學技術史》的書，提出說為什麼古代科學技術領先於世界的中國卻沒有誕生近代科學？工業革命也沒有發生在中國？這是一個問題，這個問題被稱為「李約瑟難題」，也叫「李約瑟之謎」。到現在為止，這個問題仍沒有得到解答。

但上述大致介紹了歐洲，也就是西方大學的一個發展過程。也就是說，西方大學在之後形成了研究型的學院，引領了現在西方工業革命以及西方人文哲學的這一方面發展。所以西方研究型

大學本身是西方的科技發展原動力——由教育引領著科技。但是中國的文明一直延續到現在，教育是從什麼時候開始的？採取的形式又是什麼樣子的？它又分多少個過程？在後面章節，會一一來介紹。

第三章 西方大學體制的出現、演變及影響

第四章
中華文化的教育起源及形式

如果說東方就是中國，東方僅指中國，

那麼中華文化又是如何融入中國的呢？

而中國的教育從什麼時候開始的呢？它的源頭在哪裡呢？

採取的形式又是什麼樣子的？它又分多少個過程？

而各自又對中國的家庭及教育產生什麼影響呢？

進而帶來什麼樣的教養學正潛移默化著我們呢？

代表中國的中華文明起源

　　我們可以這麼講，中國的中華文明的教育是從上古一直就有。上古到遠到什麼程度呢？遠到伏羲、女媧那個時代，伏羲一畫開天地，那個時候沒有文字，伏羲創文字，一畫開天地，畫八卦，一通神明之德，一類萬物之情。這什麼意思呢？意思是伏羲用八卦的三個符號，組成八種形式來開創我們的文字，開始我們的文明。也就是說，從伏羲時候開始，中華文明就開始了。然後從伏羲以來一直到現在，文字創出來，文明創出來，便在中華大地上沒斷過，一直傳承一直沿襲著。

　　這在西方歐洲社會是不可思議的，因為他們做不到，但是在中華民族就實現了。所以說文化、文明的傳承，到了伏羲之後的這些聖王，比如黃帝、堯、舜、禹都非常重視教化。「教化」是什麼？就是現在所說的「教育」，每一代賢明聖王都特別的重視教化眾生，這就是中華文明的

特點。

　　而且在「炎黃」那個時代，指的是上古時代的帝王——炎帝和黃帝，炎帝又稱「神農氏」，黃帝又稱「軒轅氏」，都是中原各部落的首領，其中黃帝時代，幅員遼闊的中原大地就已經形成了統一的大部落聯盟，這個非常重要。

　　因為統一的部落聯盟就有統一的文字和統一的語言，這一點在文明的發展史上十分重要。因此，當時把中原地區統一的部落聯盟稱之為「中華」、「中土」，然後把周邊東南西北邊遠地區稱之為「四夷」。接著，黃帝後面的堯、舜、禹更不斷的擴大中土的範圍。再往後夏、商、周，尤其到了秦始皇的時候，他不僅統一了六國，還北抗匈奴，南伏百越，所以等於說把東和南這兩塊少數民族地區又給劃到了中土的大版圖內，這代表疆域非常穩定，而且還逐漸的擴大中；疆域擴大到哪裡，我們的語言、文字及文明就擴大到哪裡。在這個基礎上，才有一個教育文明的延續性，這一點是無可厚非的。

中華民族的教育體系是從夏時期開始

　　然後中國什麼時候開始就有了真正的教育體系？首先要知道什麼叫「教育」？

　　教育有幾個條件必須成立：要有老師、有場所、有學生，這是三個最基本的條件。然後教育的形式，又分為官辦的教育和民間自發的私學，簡單來說就是官學與私學這兩種形式。教育的內容，以西方的大學來講的話，分為古典七藝和騎士七藝。在中國，就是六藝，便是其教學內容。

　　西方的古典七藝，就是邏輯、語法、修辭、數學、幾何、天文及音樂。騎士七藝，主要學的是標槍、涉獵、狩獵、搏擊、擊劍、棋、詩歌，以武為主，這是他們的教學內容。

　　在西方還沒有大學之前，貴族們所受的訓練就叫「人文七藝」，也是古典七藝，為的就是傳播宗教概念及思想，傳播神學，學習語法、修辭之類的。而騎士七藝的目的就是上戰場作戰，就像現在特種兵一樣。而有了教學的形式、教學的

內容，及教學的基本要素後，教育開始成型，可以從兩個方面來證實。

第一是經典文獻的典籍有沒有記載？第二是說要有考古，要有依據，拿得出實證來。因為必須經典文獻上得有記載，然後同時現實中有考古依據，這樣世界上的人們才會認可相信。所以從這個角度來講，中華民族的教育是從什麼開始？從伏羲？那是古代的神話故事？就像古希臘神話一樣，能算數嗎？當然不能！因此，真的從有經典文獻記載及考古記錄來講的話，中華民族的教育應該從夏時期就已經開始了。

為什麼不提黃帝，或堯、舜、禹，而是從夏、商、周的夏開始呢？還記得嗎？教育的條件必須要有：教育的場所、教育的形式、教育的內容。在經典文獻當中，夏這個時代時就已經有學校了，也有正規的教育，包含了教育的形式、內容及場所，只是在考古上還沒有被發現。但光周朝的教育場所形式以及內容，不僅在經典文獻當中有記載，在考古中也已經有諸多的發現，這是非常明確的。

而夏朝距離現在多少年了？3～4000年的歷史了，這也表示中華文化的教育體系從3～4000年前就已經開始了。其實，從夏開始，中華民族才剛脫離了原始社會，卻已經有統一的教育形式、內容及場所，表示那個時候教育有固定的教育場所，雖然都是政府官辦的，但就已經有了政治的結構了，不是民間私辦，商的時代更是如此。

　　然後透過歷史的典籍，就會發現夏的時期教育內容，主要側重於培訓戰士。為什麼？因為那個時候剛脫離原始社會，剛剛形成朝代的概念，還沒有四藝，哪有什麼文明、文化？只能和大自然抗爭求生存，並在部落之間發生相互吞併的事件，屬於部落聯盟的年代，因此主要訓練戰士騎射。

中國古代學校場地的起源及變革

　　其實夏朝的時候，教育內容多半集中在軍事

教育、宗教教育、人倫道德的教育，後面會更詳細的介紹。也就是說，在一開始有教育時，就已非常注重人倫道德的教育，但在西方的教育體制下，教育內容很少涉及這一方面。　就學校的名稱，像夏朝稱「校」，商朝稱「序」，周朝稱「庠」，都是民間辦學的性質。此後的朝代還有在王府裡設立的學校，叫「辟雍」、「成均」等。

至於現在為何上課的地方叫「學校」？其實在夏朝的時候，就已經有學校這個概念了，叫「校」，是聚集大家一起學習的場所，又叫「校場」，在當時並蓋一所學校的說法，只是把大家集中在一個專門的地方，有固定的老師，由大家養著並傳遞經驗及知識。

到了周朝把學校寫成「庠」這個字，意思是在每個部族裡都有人群聚集的地方，但有一處專門給老年人集中到一起的地方，然後由社會國家供養他們，而這個地方就叫「庠」。

這個地方跟學校又有什麼關係呢？因為老年人掌握著豐富的人生閱歷，也就是知識，所以政府就以官辦方式，把老年人都集中在這裡，然後

當年輕人到庠向老年人請教，並由老年人教化年輕人。於是場所有了，老師有了，學生也有了，教育就開始了。

　　至於為何把「老師」叫成「師」呢？最早文獻記載，「師」是指軍隊的軍官，而最早的教育是從這裡開始的，因為夏朝的「師」主要是用來訓練戰士及士兵、武士，由軍官來訓練，所以軍官叫「師」。訓練的內容不僅僅是騎射及強健的體魄，還有宗教及人倫道德。所以「師」字從武將軍官的「官」字演變而來的。傳承到後面，就把尊稱所有教化學生的人叫作「師者」。但無論是「校」字、「師」字，都已經延續幾千年了。到了殷商時期出現了甲骨文時，就已經是一套完全成熟的文字系統了。

　　甲骨文後面接著是陶文，然後金文。為什麼叫甲骨文？為什麼叫陶文？為什麼叫金文呢？這是因為刻在哪類器皿上的文字是不同的，刻在甲骨上的叫甲骨文，刻在陶器上的叫陶文，刻在青銅鼎上的那叫金文。

　　文字隨著它承載的物品不同，文字也會有變

化。但這也是個謎，像甲骨指的就是烏龜殼，它很堅硬的，在夏朝時是什麼器皿甲骨文刻在烏龜殼上呢？

即便現在拿殼去刻，雖然有各式各種機械及合金鑽頭可以打磨鑿刻，所以簡單，但在夏商那個時代要想刻烏龜殼，連鐵器都沒有，鋼也沒有，青銅器又很軟，是用啥刻在烏龜殼上的呢？這些都是謎。但最起碼，文字已經有了統一，就很了不起了。因為文字是文明的基礎，而教育又是文明的基礎。

發展至商朝時，教育已經有了小學、大學、國學和鄉學的分類了。這個從甲骨文的記載中，就能看出來。至於有關商朝的教學內容涉及到哪些方面？有禮樂的教育、有書數的教育，甚至還有人文、人倫這方面教育，當然也有武士的那種騎射的教育。所以真正意義上的學校，在商朝時

父母教養便利貼：

發展至商朝時，教育已經有了小學、大學、國學和鄉學的分類。

代就已經出現了，並具有一定的規模了，而且是國家官辦的教育形式，主要針對貴族及貴族的子弟來進行教育。

周朝從重鬼神至重人以及對教育的影響

但中華文化真正有一整套成熟的教育形式及內容是什麼時候呢？應該西周的時候，也就是周朝。

西周時期的土地制度，是針對奴隸主貴族部落土地國有制，因為周王把大多土地都賜給諸侯，以及有功的大臣們，讓他們世世代代享用，但有一點不能變，那就是土地的所有權歸西周。周王還可以把土地與奴隸、牛馬賜給眾諸侯和手下的臣子，也可以把土地轉賜給他人，或者將土地收回。在政治上，周朝是實行叫宗法治為基礎的分封制度。為什麼介紹這個呢？因為政治體制會決定教育制度的發展，有直接的關係。

因為周朝的政治體系，在思想意識上有個重

大的轉變，由重鬼神逐漸轉化成重人事，也就是說在夏商年代或之前，均以祭拜鬼神為最重要的事。但是從周開始，便弱化鬼神在人類活動中的作用，偏重人事。為什麼講這個呢？因為重鬼神的話，便以宗教做為教育的核心及教育的形式、內容，但如果重人事了，就表示從周朝開始重視對人的教化，相對對於自然知識的學習就非常重視了。

而且夏商周的教育完全是由統治者高度壟斷，叫「官辦教育」。所以從夏商到周已成為一套非常嚴謹的官辦教育系統。

不過西周的學校設置依照行政級別來分類，有國學和鄉學。國學就相當於由中央政府主辦學校教育，設置在都城之中，是專門給貴族統治階級的組織設立，老百姓不能去學。

提到國學及鄉學，就必須講到周朝的井田制度，及土地畫分，一般居住在都城之內的平民及貴族稱為「國人」，有參與國事的權利和當兵作戰、負擔賦稅徭役的義務。每遇征戰、外交、遷都等大事，封君須與國人商議。住在城邑外的

居民或奴隸稱為「野人」，主要負責農業生產，農閒時還須為貴族服各種勞役，供應其日常生活所需。每個都城之外有六鄉，政府會在這六鄉之內設置學校，叫鄉學，主要提供一些城外小貴族的子孫及一小部分出類拔萃的庶民，可以上課求學。

這就是周朝按行政級別畫分國學及鄉學的方式。現在想起來可是不得了的事，因為即便在現在，雖然農村都有教育機構了，但教育都很難普及了，而西周那個時候可能普及率比現在都高，這是很難想像的事。所以說，中華文化自古重教育，重教化，可不是只有口頭上說說的。

西周的教育制度及宗法制度

所以，中華文化在夏商周時代，已經有各類學校了，西方那個時候還是一片黑暗，連生存都解決不了的，而東方已經開始教化，而且是普及式的教化。

而且在夏商周時，教育的內容也會依等級

來劃分，怎麼劃分呢？就要談到宗法制度，這是源自父系家長制，商朝已具雛形，至周朝逐漸完備。周代以嫡長子（宗子）為繼承人，這一路繼承下來的一脈為「大宗」，嫡長子的諸弟各自流傳的一脈為「小宗」。大宗與小宗是相對關係。各宗的嫡長子為該宗繼承人，旁系封為卿大夫，卿大夫旁系封為士，依此類推。天子及諸侯都是上國學，國學又依等級分小學、大學兩個階段。

以小學來說，8歲是王侯太子入學的年齡，10歲至13歲是公卿之太子、大夫元士之嫡子入小學的年齡，15歲是眾子及部分平民子弟入小學的年齡，這個是有嚴格的規定。尤其是王侯太子因為必須繼承爵位，因此早早就得進行教化，內容包括德、行、藝、儀幾方面，實際上是關於奴隸主貴族道德行為準則和社會生活知識技能的基本訓練。基本上文的、武的都得教。至於平民或士的孩子為什麼15歲才能入學呢？在於他必須工作幹活，等到15歲以後才允許去學習，看是不是讀書治理的那塊料。

西周的教育以明人倫為核心，學習六藝。而

小學學制7年，內容包括講求道德行為的人倫之道，學習社會生活的知識技能等等知識的基礎。大學，王侯太子到了15歲，完成了小學知識後，就開始學大學的知識。至於公卿的孩子10歲入小學，要到17歲才開始大學的知識，普通人家的孩子是15歲入小學，所以要到23歲才學大學的知識。大學學制是9年，所以王侯太子15歲加9年為24歲畢業，學好了這些東西以後，就可以管理國家。

西周的大學教育主張實踐性、開放性，學習內容從《周禮》得知，可能是六藝，即禮、樂、射、御、書、數。其目的將天子或貴族訓練成合格的統治者，因此這裡不僅是貴族子弟學習之處，還是貴族公共活動與社會交際的場所。

至於普通的孩子，西周也沒有剝奪其學習機會，雖然上完小學及大學課程都已32歲了，但可以去當官了，成為小貴族去幫助大貴族處理家業。至於鄉學的庶民部分，成績優秀者就可以做士，拿國家俸祿。所以西周的教育制度，不只是國家教育，也包含了家庭教育，從國學到鄉學，

從小學到大學就已經完成一整套完整的體系，而且不僅僅是在貴族這個層面，甚至庶人優秀子弟，也有機會受教育。

以六藝為核心的西周教育內容

　　既然國家級的官辦教育都已經這麼發達了，孔子要幹什麼？雖然孔子是萬世師表，開始教化之門，但先釐清一點，孔子之前不是沒有教育，正確來說應該是說孔子之前沒有私人教育，因此孔子開了私人教育之先河。

　　再回頭看看西周時的教育都在教些什麼內容？其實就是六藝：指的就是禮、樂、射、御、書、數。

父母教養便利貼：

西周時的教育都在教些什麼內容？其實就是六藝：指的就是禮、樂、射、御、書、數。

禮，社會的規範，包括祭祀神明。樂不僅僅是音樂，這是溝通之道，上與神明之溝通之道，下與國君王侯、與卿大夫，還有庶民的溝通之道。射和御，指的是射箭及駕駛馬車，這不僅練的是武功，更重要的是其成功之道。因為透過騎射之術，不僅僅是要會駕馭戰車外，更要學習到的是管理統一之道。

至於書，古有六書，指的是行政管理之道，包括各種撰寫的形式、各種公文通告、管理的條規等等，這都是屬於書的內容，其實就是行政管理制度。

數是什麼？數有九數，但可不是現在的「1＋1＝2」或一元一次方程式這種數學，而是更複雜的計算能力。根據《周禮注》：「九數：方田、粟米、差分、少廣、商功、均輸、方程、盈不足、旁要。」這裡的方田是指田地測算，粟米是糧食換算比率，差分是指賦稅的分配，少廣是指田畝面積和長寬，商功是指工程土方的估計，均輸是指運輸費用的分配，方程即方程式，盈不足就是要計算盈虧，至於旁要即勾股定理，就是

「直角三角形中，斜邊平方等於兩股平方和」的
畢氏定理。

　　你看看這九數不僅僅是數學或幾何，還有
曆法及微積分，甚至還有天文知識在農業上的應
用，這都屬於數。以現代的話來說，都是屬於自
然科學的一部分，很了不得。

　　試想如果有一天你穿越到了周朝，你覺得有
辦法在小學時期就出類拔萃嗎？光用毛筆要寫一
手好字，恐怕都要難上半天，連基本功都沒有。
光數學，也恐怕比不上古人強，光學會看曆法，
推算天文運行恐怕都很難。

　　為什麼？不是我們現在人變笨了，而是整個
國家已經失去了中華文化的精髓、教化之精髓。
這不是個人的事，而是整個國家的事，因為只是
短短的100年，我們已經把祖先的那一整套優秀
的教化之道徹底的拋棄了，十分可惜。

西周開始重視家庭教育養成

　　西周還同時非常注重家庭教育，怎麼說呢？

根據文獻記載：「子能食食，教以右手。」西周人在嬰兒剛出生的時候，自己能吃東西的時候，就教他用右手進食。為什麼？其實這個是有道理的傳承。

其實在最早的時候，我們左右手不分，所以有的人用左手，有的人用右手，到了夏商周的時候，普遍的教育家庭中會在嬰兒時期教會他拿東西時，儘量去培訓他右手，視為很重要的教育，為什麼我們老祖宗要培訓這個？

因為要開發左腦！但我們是到現在有科學儀器才知道，用右手是為了開發左腦，因為左腦又叫「人腦」，主要發展邏輯、知識、智力、書寫、說話、描述、語言能力，右腦叫做「天腦」，音樂、繪畫、空間幾何、想像、綜合等功能。而古人就是本能，從小就訓練右手，以強化理性思考能力。

換句話說，我們跟動物有啥區別？在於動物習慣用是右腦反射動作，所以極其發達，但左腦基本沒有。但人類還有一個特殊能力就是能左右腦相對平衡，比如說人最早的時候也是以右腦為

主，因為文字都是圖像的，但是邏輯性差、判斷分析推理的能力差、文字能力差，為什麼？因為他左腦欠發達，所以人類想要智力提升的話還是要左腦發達。

當然現在的問題是左腦太發達了，致導右腦不會用了，反而失去了原始的動物性反射，所以又不平衡了。不過，早在西周時代，需要左腦發達，所以訓練使用右手來促使左腦發達。

再回到《禮記‧內則》上記載的「子能食食，教以右手。」是什麼意思？指說西周人在孩子剛能自己進食的時候，就把食物放在他右手邊，來訓練他用右手進食。

也有人好奇，西周人又沒有電腦掃瞄，為什麼知道要用右手開發左腦呢？其實，大腦和肢體的神經是交叉的，或許在西周時並不清楚原因，

父母教養便利貼：

早在西周時代，需要左腦發達，所以訓練使用右手來促使左腦發達，有利於邏輯、知識、智力、書寫等行為發展。

但在多年觀察經驗，發現用右手有利於邏輯、知識、智力、書寫等行為，而使用左手則有利於音樂、繪畫、想像等。這並不是說現代人多聰明，古代人多愚昧，而是經驗傳承，現代人都搞反了。

男女生的家庭教育大不同

除此之外，《禮記‧內則》還說：「能言，男唯女俞。男鞶革，女鞶絲。」意思當幼兒會說話了，就要教他們學習答話，男孩用「唯」，女孩用「俞」。身上帶的荷包，男孩的以皮革製成，表示長大將從事勇武之事；女孩的以絲帛製成，表示長大將從事女紅之事。其中，男孩用「唯」，女孩用「俞」，表示要訓練男生說話，聲音要粗一點，要直一點；訓練女孩說話，就要婉轉動聽。

這些都是記載著西周是怎麼進行家庭教育的，反觀我們現在有這方面教育嗎？尤其是當孩

子剛開始說話的時候，就得教他怎麼跟長輩打招呼，這是基本的禮儀，這叫「家教」。而且根據經典文獻記載的，夏商周那時候孩子到6歲時要教他術數及方名，其中「方名」是什麼呢？在古書上，中國古代叫前南後北，左東右西，教之以方向，但現在正好是反的，為什麼？因為我們跟西方學的，用科學的方法，確定現實中的北方、南方、東方、西方來認方位。至於「術數」就是數學，包括1＋1等於幾？2＋2等於多少？等等，都是周禮上記載的。你看看周禮到現在又多少年了？所以說，夏商周時代都還有家教，而且還很嚴格的。

另外，男女七歲就不同席，分男女了，就不能在一張席子上坐著吃飯，也不能在一張桌子上一起吃飯，很清楚的姓別區隔。然後就分等級了，男為主，女為從，男孩子7歲就坐主桌，坐席子的話男孩就得坐到主位。

反觀現在的平等教育，男孩女孩都坐在一起，誰先搶了主位誰就坐那；誰的胳膊粗力氣大，誰就坐好位置；誰爸爸官大誰就做主位；不

分男女，沒有了秩序，也容易有衝突。你看人家古代從夏商周開始，其實就這樣訓練。

正所謂：「八年出入門戶及即席飲食。」8歲開始禮讓的訓練，從出入門戶和吃東西的時候，都得讓年長者先於己，於是有了禮讓及孝悌的家庭教育，就得懂規矩。

反觀現在的家庭教育有嗎？所以看看古代的經典文獻，多汗顏啊。現在孩子沒有最基本的禮貌，沒有秩序，好吃的自己先搶，甚至一家人都把最好吃的那塊，從爺爺、奶奶、父母都給最小的孩子，先讓吃，這都是沒有規矩，沒有禮節，教出來的孩子，又怎麼能要長大後要求要孝順長輩及父母呢？

到了9歲要教之「數日」就是要教兒童學習計算日期，並用自然數來排列年代、日期等，但古代是用特有的天干地支相配法去計算，跟現在也有很大的不同。

到了10歲，男孩就得出外去求學，所謂的「十年出就外傅，居宿於外。」經典文獻說要居宿

於外，學書記，才10歲的男孩必須出去離家寄宿學習。而所謂的學書記，指的是書法及記錄，就是學習書法，學習文字，記錄寫作，寫公文之類的。至於女孩10歲以後便不再出門了，10歲其實就已經大了，待在家裡由女師教授她們委婉的話語，如何打扮才算貞靜，如何舉動才算儒雅，還要教她們績麻纑絲，織布織繒，編織絲帶等女紅之事，以供製作衣服。

明人倫＋孝禮為中國教養教化教育學之精髓

　　想一想，夏商周的時候的家庭教育和我們現在的家庭教育有什麼不同之處？

　　事實上，自夏商周以來，這種官辦教育、私學教育以及家庭教育是一直貫穿著我中華文化幾千年，並一直嚴格實行的這一塊。只是近100年左右，因為西方教育的引入，使得這一套東西完全都給顛覆了，一堆父母更一味的去向西方學習，真的是我們要的嗎？

從黃帝、堯舜禹以來，中華教育一直是以
「明人倫」為核心，「以孝禮」為外在的呈現形
式，這個才是大中華文化傳承數千年來的教養、
教化、教育學之真正精髓所在。但在講明人倫之
道，外修孝和禮的同時，也要注重自然科學的教
育，對宇宙自然的認知，及宇宙自然發生的規律
性掌握也要充分瞭解及重視。

但發展至此，我們中國人不僅把傳統的明
人倫之道，修孝禮之行，完全拋棄了，更把自古
以來傳下來的先進自然科學及自然知識也給拋棄
了。既內無教化，外又不識宇宙自然之科技，身
為中國人的我們無論哪一方面都不行。十分可
惜！

其實這200年，或許西方在宇宙自然科學領
域上面超越了中國文化，但我們在人倫道德、人
文哲學，以及孝和禮這一方面的修為，卻一直是
中華文化特有精髓，是西方教育無法超越的，為
什麼呢？西方文化沒有底蘊，也是西方一直想求
卻又求不得的東西。反觀我們，已經積累了幾千
年的西，卻在近100年來放棄了，這就是我們中

華教養的最可悲之處。

　　所以先就中國的教育起源，大概做了一點介紹，下面將中華文化及各個階段，加以詳細介紹中華教育的沿革及各個階段著重的部分，畢竟想要學好教養學，一定要先清楚教化、教養、教育的根源、脈絡，最後在落實學習的時候，才能有方向感。

父母教養便利貼：

從黃帝、堯舜禹以來，中華教育一直是以「明人倫」為核心，「以孝禮」為外在的呈現形式，這個才是大中華文化傳承數千年來的教養、教化、教育學之真正精髓所在。

第五章
春秋戰國至秦漢的教育變革及影響

中華文化的教育是分階段性的，

從黃帝開始，至堯、舜、禹都非常重視教化，

至夏、商、周後有了教育的場所、模式及內容，

尤其是到了周朝更加注重教育的各種形式，

比如國學及鄉學、小學、大學。

到了東周的春秋、戰國時代，

中華文化的教育領域也發生了很大的變革，

主要體現在哪些方面呢？對現今的教養學又有什麼影響呢？

之後的漢朝及魏晉南北朝又對現今教育體制產生什麼影響呢？

春秋戰國的私學興起

相較於之前教育都是官辦的，並由國家有組織對貴族子孫進行的教育，所謂「學在官府」指的就是在宗族內培養仕宦的本領，這個本領只有貴族才有資格學，而不對普通百姓開放的。但隨著西周滅亡，進入東周的春秋、戰國時代，私學教育成形，這個時候的教育方向、模式以及教育內容其實都產生了變化。

為什麼會在東周興起了私學教育呢？原因很多，但最重要的原因在於到了東周，因為世襲分封制度的關係，使得士階層逐漸的擴大，同時分封的土地也愈來愈細，愈來愈小了，有一部分的士階層要生存，該怎麼辦呢？於是把貴族學習到

父母教養便利貼：

春秋戰國時代百家爭鳴，諸子百家學說興盛，中國思想文化史進入思想大碰撞大繁榮的黃金時代，而私學的重要性便在此時體現出來了。

的這套六藝拿出來交給平民，然後向平民來收取學費。

　　孔子就是活生生的例子，孔子本身就是士，為了生存就把貴族學到的知識來向平民傳授，於是平民學了貴族所學的六藝：詩、書、禮、樂、射、御之後，掌握了貴族的禮節及知識，便可以朝向貴族階層去發展，或是為大貴族去服務，同時也能晉升成為士。

　　於是在東周初年的春秋時代，便大量出現世襲的士和晉升為士的平民，出現大量的養士之風，並廣開私學，成為東周時期很重要的教育沿革的變，換句話說，私學的出現對於中華文化教育體系的成熟度及官辦學校的補充具有非常重要的作用。

　　而官學與私學的教育體系，也從春秋戰國時代開始，一直延續到現在，成為教育組織構成非常重要的一個部分。

　　另外，到春秋末年，出現了「天子失官，學在四夷」的局面，這裡的「四夷」並非指少數民族，而是表示私學已經存在於四方各地，並不

再局限於中原地區。所以說私學的興起為春秋、戰國時代帶來百花齊放、百家爭鳴的學術自由時代，也奠定了教育的基礎。

再來就是有一些不守禮法的子孫就開始破壞祖宗的規矩，不按照周初所制定的諸侯世襲分封制度，反而進行兼併行為。於是形成春秋、戰國時代的禮樂敗壞，於是沒有禮樂、沒有規矩、沒有等級，憑的就是能力及力量，誰的力量大就能兼併小的諸侯國，這個時候周天子只是擺設，以前先王定下來的規矩都已經破掉了，所以這個時候各國爭雄，就出現了春秋五霸以及戰國七雄。

在兼併的過程中，各國、各諸侯都需要大量的需要人才來為己所用，因此不管你是什麼出身，只要有能力，能幫諸侯富國強兵，就長期供養著。於是，以上種種原因，包括政治基礎及私學興盛，才導致了春秋、戰國時期的百家爭鳴，諸子百家學說興盛，比如儒家、墨家、道家、法家、陰陽家、名家、縱橫家、兵家、雜家等學派林立，中國文化史進入思想大碰撞大繁榮的黃金時代，而私學的重要性便在此時體現出來了。

戰國時代諸子百家相續而生

　　私學的特點，在於自由辦學、學術自由，形成一種新風格。在這個階段出現很多傳授私學，也是廣收門徒的大家，不僅是孔子，孔子是開創私學之代表，另外像是鄭國大夫鄧析、魯國有少正卯，所以真正要找出是誰首創了私學制度，其實不好說，只是現在都公認孔子廣開教化之門，然後有教無類。有教無類的意思是以前的教育都是針對貴族的子孫，但從孔子開始，不管你是什麼出身，只要想學習來找他，孔子都會教。

　　其實早在孔子興辦私學時，春秋時代的私學已經有了初步的發展，孔子肯定不是首創，但他周遊列國，到各地去遊學、去講座、去學習，表示私學在當時孔子時代已經形成了一定的風氣，所以他才能夠這麼去做，大家也才能接受得了。

　　如果問：孔子的學問來自於哪裡？根據《論語》裡面子貢曾經說過：孔子是學無常師，這個意思就是說孔子並沒有固定的一個老師在教他。但如果孔子學無常師，那他又是如何學到這些六

藝呢？當然就是從私學裡面學到的，因為孔子沒有上過官辦的學校，在於其出身是有直接的關係。

所以，到了戰國時代，因為諸侯爭霸、亂世繁榮，私學的發展更是爆炸性的蓬勃。

從這裡可以發現教育有一個特點，是什麼？從夏、商、周的官辦教育，一直延續至今都沒有終止過，算是教育的主流，但在私學上，卻可以看得出這時代思想及社會樣貌，有上下起伏，有興盛與繁榮，有衰落及禁錮。舉例說明，當私學繁榮時，這個時代的思想創新才會興盛；但當私學沒落時，這個時代的思想就被禁錮，人們就會封閉，整個社會的生產力、創造力就會非常的疲弱。這也是中華文明不斷延續到現在的一個規律性變化。

所以中華文明大興盛的第一個時代，就是春秋、戰國時期。因為群雄爭霸，沒有形成統一的一個政府，沒有政府來禁錮、限制人們的思想，所以思想就很自由、大爆發、大興盛。而戰國時期從西元前475年到西元前221年，歷經250年，

直到西元前221年，秦始皇統一六國、統一了中國。

但在這250年的戰國時期，卻中國教育發展史上非常重要的一個階段，諸子百家相續而生，無論是思想的高度或各個領域，都達到了無法超越的巔峰，之後就不斷的沒落，也沒有聖賢之人出現了，因為所有的聖賢者都是在那個時候出現的。

養士之風與私學教育之間的關係

教育的興盛會引領著戰鬥力、生產力的提升，包括科技水準的提升、生產力的大發展等等，同時又為文化教育事業的發展奠定了物質的

父母教養便利貼：

在戰國時期，私學教育就已經形成了一整套的學科體系，不但有分門別類，也有各個門派及其教學主張。並透過戰國時期的私學體系不斷的檢驗其理論體系及實踐方法是否完善，而形成科學化的理論啟蒙。

基礎。在戰國時期形成一個大的良性循環下，私學四大派便出現了，而這四大派是哪四大派呢？分別是儒、墨、道、法四家並自成體系，成為私學的代表，也開創了中國教育歷史上空前的輝煌時期。

再來談談戰國時代的養士之風盛行。戰國時期七雄爭霸，為了能武力統一其他六國，各國諸侯無不卯足力量創造國富民強的現象，因此這個時候養士之風大興，也為私學帶來了需求，及極大的一個生源。比如人稱「戰國四公子」的齊國孟嘗君田文、趙國平原君趙勝、魏國信陵君魏無忌、楚國春申君黃歇等，在門下養士三千，這個「士」是什麼？就是門客，而每個門客代表的就是透過各種學習掌握各種領域知識的人，等待有一日能為主人提供幫助。

雖說養士對私學有很大幫助，但是認為養士是一種罪的卻是秦王嬴政，他曾頒布「逐客令」的詔書，要秦國土地內非秦國人的養士都要離開秦國，認為他們不忠心，會搗亂、當間諜，結果李斯是當時一名普通的門客，一聽到詔書，就馬上給秦王寫了一個奏摺，非常有名叫「諫逐客

書」。

　　主要內容在建議秦王嬴政應該在這段期間廣交天下之能人，不應該驅逐這些能人，也不應該以國界來限制這些人，反而要給他們一些利益，要尊重他們，而且驅逐這些能人反而是借武器給敵寇，送糧食給盜賊，那要謀求國家沒有危難，是不可能的啊。

　　結果秦王嬴政馬上採納了李斯的建議，並把他奉為上卿，之後做宰相，並一直輔佐秦王嬴政統一六國，成為秦始皇。所以秦之所以能夠統一六國，在於對人才的應用。也證實了在戰國時期，私學教育就已經形成了一整套的學科體系，不但有分門別類，也有各個門派及其教學主張。並透過戰國時期的私學體系不斷的檢驗其理論體系及實踐方法是否完善，而形成科學化的理論啟蒙。

稷下學宮為第一所官辦民營的學校

另外，在戰國時期還首開了「官辦民營」的辦學先例。什麼叫「官辦民營」？簡單來說，就是獲得政府的認可，百姓可以自由發揮、自己去主持、自己去管理自己的教育體系。所以說，民主辦教育或民辦教育的先河是在戰國時期就開始了。

而第一所官辦民營的學校，其實在戰國時期就出現了，是在齊國，齊桓公當政的時候，大概在西元前370年到西元前360年這十年之間，在齊國齊桓公興建了一所學校，叫「稷下學宮」，是目前史料記載世界最早的官辦高等學術機構，也是真正意義上的第一所學校。

為什麼叫「稷下學宮」？因為位在臨淄的齊國都城，有一個門叫「稷門」，齊桓公就在稷門的附近搞了一個學堂，而學堂的名字就叫「稷下學宮」，翻成白話就是稷門下面的學堂這個意思。稷下學宮的建立對戰國時期的學術發展起了非常重要的作用，因為稷下學宮是全世界最早官

110

辦的高等學校及學府。

　　還記得之前說西方最早的大學是從什麼時候開始？西元1088年的義大利北部的波隆那大學。而中華教育史上第一所可以稱之為高等學府的「稷下學宮」，也就相當於西方的大學一樣的。

　　「稷下學宮」開始於西元前370年左右，早於西方第一所大學約1400年左右，更是世界公認的第一所官辦的高等學府，主要在傳授社會科學院，建立的目的是給當政者，也就是齊王提供國家政策的顧問，相當於政府的智庫。所以說稷下學宮是世界上最早的社會科學院，同時也是世界上最早的政府智庫。

　　稷下學宮的特點在於官方舉辦、私家主持的一種高等學府。之前曾講過夏、商、周時期的教育形式，分為國學、鄉學、小學、大學，屬於官辦的教育體制，因此要聽官方的話。但稷下學宮雖然是國學的代表，也屬於官辦，但官方卻不管內容，因此凡民間這些著名的學者都可以到稷下學宮來講座，講什麼都不管。比如當時非常著名的荀子，就是在稷下學宮來講座，因此才會有秦

相李斯及跟韓非子都在稷下學宮跟荀子學習過。

　　所以稷下學宮的建立，只是說明了春秋、戰國時期各種思想自由的發展的一個核心地方，也由於有了稷下學宮，後面才會形成百花齊放、百家爭鳴的壯觀局面。但就稷下學宮來講，當時官辦的官學教育強調的是黃老之學，以此為核心又發展出儒家、墨家、道家、法家這四大私學體系，可見稷下學宮在中華教育史上占有非常重要的地位。

　　其實這個期間，稷下學宮最興盛時，聚集了當時戰國時期各國著名的學者，如孟子、荀子、鄒子、慎子、申子、接子、涓子、尹文、宋鈃、淳于髡等等都曾在這裡講學，發表自己的學術見解，產生了深遠影響。因此稷下學宮也有很多著作在此時出現，比如說像《黃帝四經》、《管子》、《周易》、《周官》等一大批著作。

　　從歷史記載來看，稷下學宮當時有記載的著名學者就高達76人，換句話說，稷下學宮也可說是養士制度發展過來的一個教育機構，所以利用學宮或書院去培養政府優秀人才來為統治階級的

貴族服務，這樣的教育體制其實從戰國時代就已
經開始了。

秦統一六國改制集權統一思想

　　以中華教育史來看，其實這是一個具有代表
性意義的年代。從西周開始，至東周進入春秋、
戰國時期的百花齊放、百家爭鳴這個局面，等到
了秦始皇，也就是說秦統一六國之後，教育形式
又會有什麼變化？簡單來說，從中華教育史上看
來，教育永遠離不開政治，而政治的變化會直接
導致教育的發展或者衰落。

　　再講一講秦漢時期，官學、私學又有什麼變
化？

　　秦始皇統一六國之後，就面臨著一個政治格
局和結構如何設定的問題？當時朝廷內部掀起了
紛爭，形成了兩大派，說六國統一了，諸侯王的
分封權也已經消失了，其實又回到了初創周朝的
時代，也就是秦面臨著下一步，是要走周的分封
制？還是要走中央集權的郡縣制？

以淳于越為首的儒生們強調要遵循周禮，一切按照周朝最早制定的那套禮儀制度來分封秦氏子弟以及在統一過程中立過大功的功臣，分封諸侯王，實行軍事分封制。但以李斯為首的法家的集團就反對，認為儒生按古法及周禮來制定國策，但最後周還不是滅亡了，在於這些分封諸侯王到最後禮崩樂壞，不守規矩才使周朝滅掉，所以要識時務，不要再使用這一套制度了，應該實行君主集權制，把諸侯分封體制改成郡縣制，取消世襲，這樣才更方便於國家的管理。

　　之後，秦始皇傾向於李斯的法家說法，走了中央集權制郡縣制，所有權力集中在帝王一個人手裡他非常方便統治，為此首先要做到統一思想。但以淳于越為首的儒家們卻強烈反對，因為如果權力都集中在帝王一個人手裡的話，對國家是有非常大的危機，如果帝王身邊出現了佞臣，他只要控制了帝王以及帝王的傳承，就能把整個國家給竊取去，到時候誰來伸張正義？誰來為帝王說話？而周朝能擁有800年歷史，夏和商都有上千年的歷史，都是遵循著先聖所制定的這套治

理國家政策，若現在改，只有弊大於利，朝代可能很快就滅亡了。結果事後證明淳于越說的是對的！

而當時秦王嬴政還想千秋萬代，取自己為「始皇帝」，為歷史上「秦始皇」的由來。

為什麼叫自己為「始皇帝」？認為自己身為秦朝第一任皇帝，又修長城、駐驪山墓，為的就是想把朝代權力都掌握在帝王一個人手裡，之後傳給兒子，兒子再傳給孫子，無人能竄位。但結果怎麼樣？秦朝是在秦二世而滅亡的，才傳了兩代，印證了淳于越所講的這些——在傳承的過程中不守古制、不守古法、不守古先聖賢所制定這套國策，於是身邊出現了像趙高這樣宦官管理，與宰相聯合起來，本來秦始皇要傳位給太子，即大公子扶蘇，卻在宦官和宰相的主導下把皇位傳給了二子胡亥，導致了秦二世而亡。

秦朝焚書坑儒對文化及教育的傷害

　　再回到秦朝要實行中央集權制，那麼思想的統一就非常重要，這就是李斯提出來要焚書坑儒，並由國家頒布法令，把民間所有留下的儒家經典及諸子百家的學說全部焚毀，如果誰留下這樣的書就要滿門抄斬。只留下像種樹的書或醫學的書，在民間流通，但其他的一概不允許私藏，而其他各種書籍只留一套在秦朝首都的藏書閣，統一由秦朝學士來掌管。不過後面隨著秦末的戰亂，項羽攻入了秦皇城之後，曾經火燒咸陽宮，藏書閣其實就在咸陽宮，一把火全部燒光，也把春秋、戰國之前的所有典籍全都給燒光了。至於

父母教養便利貼：

光看中國的文明史、文化史、教育史，就能窺探出，愈是中央集權，它一定實行的必是文化專制；愈是中央集權，它走的必是愚民政策。而文化大興一般都是政治自由、政治體制自由的狀態下產生。

坑儒，就是把淳于越為代表的這一批反對中央集權制的儒生全部誅殺，導致中華文化第一次大規模的滅絕。

　　這使得秦之前的各家經典大部分都失傳了，包括儒家經典在民間根本沒留下來過。即便後面建立了大漢王朝，漢武帝時曾號召民間私藏經典者統一交給國家管理有重賞，但也難以湊全。後來根據《漢書‧景十三王列傳》記錄：「恭王初好治宮室，壞孔子舊宅以廣其宮，聞鐘磬琴瑟之聲，遂不敢復壞，於其壁中得古文經傳。」表示在漢朝諸候恭王在翻新擴建自己宅地的時候，在拆除孔子舊宅過程中，於牆壁裡發現了儒學大部分經典。後人推論應是在秦始皇焚書坑儒的這階段，孔子的第九世孫冒著生命危險，把祖上的典籍給藏在了牆壁裡面，這樣才保存了儒學經典能夠流傳下來。所以如果沒有這一次意外的發現，說不一定到現在根本看不到儒學的這些經典了。

　　但就文化及教育史的角度，秦始皇說的「統一思想」就是禁止私學，就是禁止民間任何形式的思想發展，更說明秦朝對民眾思想的一種封閉

和禁錮，其實是對學術、教育、文化都是一種最大程度的毀滅。觀看之後的歷史，所有強調中央集權制的朝代，權力愈是集中於中央，思想愈是強調統一，則整個社會氣氛會變得蕭條且失去活動。反之，凡是文化大興、學術大興的朝代，代表一定具有自由的氛圍、自由的空氣下才有可能興盛起來。

所以光看中國的文明史、文化史、教育史，就能窺探出，愈是中央集權，它一定實行的必是文化專制；愈是中央集權，它走的必是愚民政策。而文化大興一般都是政治自由、政治體制自由的狀態下產生。所以想要辨別政府走的是集權化文化專制愚民政策？還是走的是思想自由、學術自由的政策？其實從政府對私學的態度就能看出來。

漢朝初期先鼓勵私學發展，再辦官學

研究中華教育史的脈絡，主要從兩個點著手：一個是官學，一個就是私學。尤其是私學，

更能夠看出中華文明脈絡的發展，什麼時候是興盛的？什麼時候是蕭條的？而興盛時必會帶來私學的繁榮，但在文化專制或者愚民政策時，私學是被禁錮的，就像是秦始皇時私學被嚴厲禁止，但到了漢朝時私學又開始大興起風。因此，再來談談漢朝時的文化及教育走向。

　　漢朝也是統一的王朝，但是漢朝在建立之初，漢高祖劉邦聽從了儒生的意見，一方面繼續推行郡縣制，一方面又保留周朝的分封制，把一部分國土分封給自己的子弟，為同姓王，另外還有建國有功的異姓王，主要有七人：即（原齊王）楚王韓信、梁王彭越、淮南王英布，趙王張耳、燕王臧荼（後為盧綰）、長沙王吳芮、韓王信。

　　但是後面，漢高祖劉邦又開始討伐異姓王，

父母教養便利貼：

真正中國正規的學校教育，其實是始於漢朝，換句話說，官學與私學並舉的教育辦學體制，才是真正適合中國的教育教學體制。

而這個過程，就是分封制和中央集權制的郡縣制交替過程，其實也大大影響了漢的興衰。在這樣的背景之下，漢朝在推行儒學時，是以五經為首，也就是說漢初總結了秦朝失敗的教訓，在文化方面解除了對私學的禁令，並允許且鼓勵民間大辦私學。

這是因為漢朝剛建立時，經過多年的戰亂，民不聊生，政府根本無力舉辦官學，因此在官學未立情況下，私學被允許乘勢發展。也就是說，漢初時私學就承擔起培養人才、傳播文化、發展學術的任務。就是這樣相應的開始，漢初因人才凋零，不斷的向民間發出求賢令、求賢的詔書，所以只要有能力、有知識、有文化的人，不管是哪一家學、哪一門派、學的是什麼學問，只要來就能當官，然後放手給有知識、有文化的人去管理縣治。

等到漢武帝時才開始罷黜百家，獨尊儒術。然後，所有的私學轉向儒學。因此，真正思想及文化大興的時代，其實在漢初，有儒學、法學、刑名學之類的，各行其道，最後則由儒學勝出。

之後，漢朝官學和私學並進，因此若討論到真正中國正規的學校教育，其實是始於漢朝，換句話說，官學與私學並舉的教育辦學體制，才是真正適合中國的教育教學體制。

漢朝官學與私學並重奠定中國正規的學校教育

漢朝的正規學校教育，可以說是最接近目前現代的教育體系。因為漢朝制定了教育的場所、形式、體制及內容以後，從那時便一直延續到西元1909年，才全面廢除這一套教學體制。但回到漢朝的教育體制特色在於全面細化，像其官學分為兩類：一類叫中央官學，一類叫地方官學。中央官學叫「太學」，相當於現在的首都大學，像

父母教養便利貼：

漢朝的正規學校教育，可以說是最接近目前現代的教育體系。因為漢朝制定了教育的場所、形式、體制及內容以後，從那時便一直延續到西元1909年，才全面廢除這一套教學體制。

清華大學、北京大學等直屬中央管理，在漢朝，像東漢明帝時期的官邸學或東漢靈帝的鴻都門學都是屬於中央官學這一類。

至於地方官學，比如說「郡國學」，這是由漢朝地方政府舉辦的官辦學校，郡國就是指地方政府，郡國級行政區設「學」，縣、道、邑和侯國設「校」，皆置經師一人；鄉設「庠」，聚設「序」，皆置孝經師一人。而這裡的學、校、庠、序都是指學校。

私學在漢朝的教育體系來講，又分兩類，一類叫「書館」，一類叫「經館」。兩者有什麼不同？

「書館」，也叫「書舍」，又稱為「蒙學」，主要教導的內容為基礎的識字和一些書法教育，並循序漸進的講一些儒學的基礎知識。它重視的是口授和背誦，相當於我們現在的小學教育。當教育做的好的私學自然會產出優秀的學生，便可以進入官學，比如進入太學、鴻都門學、官邸學等等，還有一部分優秀的人就可以進入「經館」。

「經館」是做什麼的？「經館」，又稱「精舍」，是專門從事經典的研究，而且在經館裡會聚集一些著名的學者或儒學大師從事授徒講學的工作。比如董仲舒，就在經館裡面教授學生，另外像是王充和鄭玄等人均是。

　　後來私學的經館因講究的是自由發展，因此學生愈來愈多且規模愈來愈大，曾經一度遠超過官學，所以說為何漢朝能文治武功？能有那麼高的生產力？甚至發展高度文明，且武力能夠雄居世界之巔？都跟教育很有關係。

　　現在有一句話說得好：「文化、教育本身就是生產力，本身就是戰鬥力。」愈有文化及教育，就能真正按照對的方向去引領，所以無論是生產力也好、戰力也好、文治武功也好，會帶來國富民強。所以由此可見，教育是國家的根本，也是漢朝以來以官學與私學並重的教育體制，奠定的文化大發展。

魏晉南北朝的世人經術、遊學成風

　　所以漢朝之後，魏晉南北朝時期的私學，如果用一句話來講解，可以用這樣一句話：「世人經術、遊學成風」，這是什麼意思呢？

　　其實隨著漢朝的沒落，進入到魏晉南北朝時期天下大亂，政府基本上進入了一種無政府的狀態。在這種狀態下，官學衰微，這個時候就特別適合私學的發展與興盛，甚至呈現了繁榮的局面。私學在這個時期不但有了新的發展，更在教學內容上突破了儒學獨占統治地位的官學教育傳統，為什麼呢？因為在東漢末期，國家集權已經

父母教養便利貼：

私學在魏晉南北朝時期不但有了新的發展，更在教學內容上突破了儒學獨占統治地位的傳統官學教育，呈現了繁榮的局面。

衰落，儒學雖為統一的教化之道，但多半是由政府朝廷來推動，所以當魏晉南北朝時期來臨時，由於政府的衰微、官學的衰微，使得民間學術更為蓬勃發展，因此出現了如玄學、佛學、道學等，甚至還有科技及常識的大發展狀態。又比如出現《千字文》、《顏氏家訓》等傳統儒家思想讀本和童蒙讀物的教材。

也因此為了求取學問，造成人們因應自己想學到處求師，更點出魏晉南北朝時期的私學特點——以遊學為主流及風氣，因此結論出「世人經術、遊學成風」。

所謂的「世人經術」，是指魏晉南北朝的時候，一般民眾學習方向不僅是儒學，還要研究佛家的經典、道家的經典，甚至方術及法術。尤其是在漢朝時，只有儒家才有資格涉足的教育領域，但進入魏晉南北朝開始，被佛學和玄學衝擊，由此也開始進行了儒、佛、道三家思想體系的初步融合，也是中國教育史上第一次三教合一過程。（另外兩次三教合一，分別是唐宋時期，以及元明清時期。）之後，儒道釋雖常有高低先後之爭。但是始終沒有出現一家具備壓倒性優勢

的思想體系出現，而且這三種學術並立後就很難打破這局面了。

　　另外，玄學也在魏晉南北朝時期開始盛行，在於這時國家也沒有嚴厲限制，對民辦學校的私學系統什麼可以講？什麼不可以講？因此對求學的人或傳授課程的人來講，視野更廣闊，講什麼都可以，傳什麼也都可以。而且東漢末年，天災不斷，宇宙論儒學失效，同時天災引來人禍，亂世梟雄當道，做為官學的宇宙論儒學開始衰落，士人開始轉向推崇道家思想，玄風盛起。

　　但要說到「遊學成風」的鼻祖是誰？其實是孔子，孔子生前就率領弟子周遊列國、遊說講學，因此魏晉只是再回復之前的遊學之風，也因應這個特點，魏晉南北朝時期也可說是中國文明

父母教養便利貼：

進入魏晉南北朝開始，被佛學和玄學衝擊，由此也開始進行了儒、佛、道三家思想體系的初步融合，也是中國教育史上第一次三教合一過程。之後，這三種學術並立後就很難打破這局面了。

的一個發展時期。

　　即便如此，兩漢、魏晉南北朝雖然說私學大興，但其高度其實還是遠不及春秋、戰國時期，畢竟它還是在春秋、戰國時期諸子百家爭鳴基礎上朝向深度、廣度不斷的在拓展。

第六章
隋唐時代至明清的教育發展及影響

接續上面的兩漢及魏晉南北朝的教育發展史，

在經歷歷史上的「合久必分，分之必合」過程，

來到了隋唐時代後，為何叫「官師並舉，人文薈萃」？

其教育特點又是什麼呢？

和兩漢時期的教育體制有何差異？

又是如何影響到之後的宋元明清呢？

甚至近代中國教育及教養學的發展呢？

隋唐的學校教育達到一個巔峰時期

進入隋唐的教育體制，可以說是「官師並舉，人文薈萃」。為何這麼說呢？再回到上一章的兩漢時期的教育體制。基本上兩漢的特點是「專注」，不管是官學也好，還是私學也好，都是專注於儒學，特別是推崇經部，指的是五經——《詩經》、《尚書》、《禮記》、《周易》和《春秋》。相較於戰國時期原有「六經」，只有《樂》經失傳了。但傳到了隋唐時期，最典型的特點就是多元化的教育政策。換句話說，隋唐時期是中華文化的學校教育制度真正達到了一個巔峰狀況。從另一個角度來看，可以說隋唐時期學校不但種類齊全、管理規範、生徒眾多，都是達到空前的，即所謂的「前不見古人，後不見來者」的盛況。

先從師資培訓來講，在漢朝，私學分成了所謂的「書館」和「經館」，並由老師這個角色傳授學問。但在之前，「師者」從何而來，什麼人

能做「老師」呢？從中國的歷史來講，夏商周以來，一直是到漢朝，其實都是實行是一個叫「官師合一」的制度。這什麼意思呢？還記得在上上一章節曾提到中華文化最早的教師培訓是從哪裡來的？就是從軍隊當中而來的。《左傳》有云：「國之大事，在祀與戎」。「祀」指國家的公祭儀式，「戎」是國家的軍事行動或戰爭。閱兵儀式，既是「祀」，也是「戎」，是當之無愧的國家大事。夏商時期出現戰士們以田獵教戰陣和巡行各諸侯國的巡狩等軍隊訓練形式。因此，戰士為了打勝仗就必須有組織化的訓練士兵，這不僅僅是訓練士兵的體力，同時還要教導士兵有關道德人倫的教育，甚至還有宗教的教育。因此，歷史上出現這第一批教學者，其實就是軍隊的軍官，被稱之為「師」，然後一直延續到現在。

後來，夏商周時期，出現了教育場所，分別為「校」、「序」、「庠」等這些場合，由什麼人來教大家呢？其實就是由各級官吏來教導貴族以及優秀的平民百姓各方面的禮儀知識。所以，從早期的中華教育傳承來看，「師者」基本上指

的都是「官吏」，如同孔子在《論語》裡面提及「仕而優則學，學而優則仕」就是這個意思。

　　什麼叫「學而優則仕」？是說學習當中非常優秀的人，能掌握知識與智慧，就可以出來當官，造福百姓。但是「仕而優則學」，這什麼意思呢？是指真正當了官的人，要當好官，然後回過頭來可以教導弟子，還有教導學生。這個就是「官師合一」制度，一直延續到清朝都是如此，成為中華教育史上的一個特色。甚至到了隋唐的科舉制，沿襲至宋朝的進士、狀元，因被皇帝主試，所以又叫「天子門生」，顯示即使老師貴為天子，只是老師都要去教化，都要去教導。

　　然後主政者再從這些優秀的學生當中選拔一部分人來做官，因此強調的就是「官」和「師」是一體的，所以在仕途當中不僅僅有上下級的領導與被領導關係，同時還有師生的這層關係，於是師生同父子，成為一套可以傳承的機制。所以說，當官的人都是有智慧的，不能不學無術，也不能僅僅只會當官，要八面玲瓏才行。

而自從清末以後，到現在的中國，其實已經完全不存在這「官師合一」制度了，官就是官，老師就是老師，已經全都劃分開了，彼此關係完全隔絕了，也只是近100年的事情。從另一個角度來講，「官師合一」這一套非常好的傳承機制，現在已經完全被拋棄了，非常可惜。

隋唐「官師並舉，人文薈萃」的盛況

　　再回到隋唐時代，學校教育無論是官辦官學以及民辦私學，都呈現多元化的狀態，其實是針對漢朝時期「罷黜百家，獨尊儒術」來講的。雖說漢朝推崇儒學，獨尊儒術，但到了隋唐時，因為政府的放開，能教導的東西變多了，大家研究

父母教養便利貼：

中國傳統的教育體制中強調的就是「官」和「師」是一體的，所以在仕途當中不僅僅有上下級的領導與被領導關係，同時還有師生的這層關係，於是師生同父子，成為一套可以傳承的機制。

的東西也多了，比如說佛學、道家思想等的發展已經很成熟了。

　　隋文帝即位初期，為了加強 對教育的管理和領導，在中央設置了「國子寺」，這個相當現在政府部門的國家教育部。換句話說，我國「教育部」最早成立在隋朝的時候，也是最早真正在意義上代表國家教育行政的主管機構。之後，國子寺改為國子監，且「國子監」之名稱首次出現，而沿用至清末才廢止，並成為隋朝這個時候的官學教育主流，而後影響唐朝設置「六學一館」，所謂的「六學」是指國子學、太學、四門學、學習法律的律學、書學、算學，一館指的是弘文館。所以說，中華文化的教育體制可以說在隋的時候就已經建制完成，連同在管理上的分科等已經規範非常齊全。

　　國家設置專門行政機構的「國子寺」，主要就是培養有一定品級官員以及貴族們的子孫，也就是現在的「國家辦的重點學校」。可見，早在隋朝時期，就有國家辦的重點學校了，而距離現在約一千多年了，甚至快要二千年了。可見隋唐

以來，這個教育體制便已經遍布中華大地，從中央首都到直轄市，甚至市鎮一直到鄉下，都有其專屬的教育單位及體制，也就是說在官學部分，國家本身已經有了正式的機構，那麼教師就可以通過科舉而進行選拔，於是產生秀才或進士，而很多秀才就可以來充當私塾或私學的教師，或者更優秀者進入官學體制來當教師傳授知識。至此，可以說已經是一整套完善的機制。

然而雖然隋唐時期，中華教育體制就已經達到這樣的一個程度，但是官學的整個成熟體系建立，並沒有影響私學的發展，就教育領域來講是非常難能可貴的。這說明瞭官學和私學都能相互互補，甚至相互促進，共同保證了整個教學的完備教學體系，這個是非常值得稱道的。

隋唐時期的私學情況

在官學已經很完備的情況之下，隋唐時期的私學主要是向哪方面去發展呢？「個性化」為其特色。這要談到魏晉時期，因為政治動亂關係，

導致儒學壟斷教育的這樣一個方向被放開了，因此除了儒學教育外，包括道家、術士和佛學，在魏晉時期其實就已經開始發展了，到了隋唐時期，因為私學關係，都已經發展成型了，因為國家政府已經無法限制這塊，所以造就言論非常自由，學術特別自由。

比如在隋唐時期的大儒——王通，也是隋朝教育家、思想家。歷史記載，唐朝的開國功臣薛收、魏徵、杜淹、房玄齡、陳叔達等都是他的門生，王通死後其門生諡其為「文中子」。著名的啟蒙讀物《三字經》把他列為諸子百家的五子之一：「五子者，有荀、揚，文中子，及老、莊。」

王通教學，分門授受，主要以明「王佐之道」為己任，希望能在魏晉動亂和儒學衰敗之後能重振孔學，為儒學在隋唐之際的恢復與發展作充分的思想和輿論準備，認為執政者應該先德後刑才能讓人心服；提倡儒道佛三教應該共同相處，而不是互相抵制，又主張天人之事與天地人三才不相離等思想。通過「通學」和「兼學」兩種形式，培養出一大批各色人才，為社會的穩定

發展和學術的繁榮提供了注入新鮮內容的儒學理論。他的孫子王勃是初唐四傑之一，而他的弟子魏徵亦是唐朝初年的名臣。他的學說，對後來宋代的理學影響深遠。

王通授徒千人，培養了不少有影響的學術人士外，比如像學生薛收、溫彥博、杜淹等，友人房玄齡、魏徵、王珪、杜如晦、李靖、陳叔達等，都是隋唐時期非常有名的「碩學鴻儒」。另外，又如萬寶常與何妥是隋朝有名的音樂家、醫學家巢元方等人。「碩學鴻儒」指的是就這些在某一方面有特別專長的人，國家都十分鼓勵他們興辦私學，然後授業於生徒（指學生及徒弟），使這些掌握一門技能或學問的人生活也能被保障，更能提高社會的高品質生活，並得到大家的尊重。

因此，也難怪在唐朝中期的大儒韓愈會在《師說》裡說道：「師者，所以傳道、受業、解惑也。」因為在隋唐時期，這個「師者」在國家也尊重的情況之下，既有名又有利，所以大興於市。所以為什麼大唐能夠鼎盛，其實跟教育的開

化、學術的自由是有著分不開的關聯。

隋唐私學對後世的影響

因此針對隋唐的私學興盛，對後世的影響有
二：一是傳家學的出現，也就是家庭教育的觀念
落實；二是科舉制度的確定。

講到傳家學，還是要再提到王道，他十分
重視道德倫理方面的建設，尤其強調「人」的地
位和作用，認為命不是超自然的主宰，人可以根
據具體形勢的變化來行動。另一方面，王道也教
人不但要知道進，還要學會退；知道勇，還要學
會怯；知道堅定，還要學會靈活。他所著的《止
學》被譽為論處世之道的典範之作，比如他對長
者，「恭恭然如不足」，對兒童，「溫溫然如有

父母教養便利貼：

隋唐的私學興盛，對後世的影響有二：一是傳家學的出
現，也就是家庭教育的觀念落實；二是科舉制度的確定。

就」。侍奉病重的母親，「不交睫者三月」，但
鄉親們來探望，他依然「送迎之，必泣以拜」。
父親去世，他難過得三天沒有吃飯，但舉辦喪事
堅持從儉。他穿衣不求綺羅錦繡，吃飯不求山珍
海味，但鄉親們有了難處，他主動伸出援手。對
家族的婚嫁，不以財產而以德行為標準來選擇，
說「吾家有制焉。」成為中華文化往後著名的傳
家學，也就是華人家庭教育的思想核心。

　　第二是科舉制度的誕生。為避免兩漢及魏
晉南北朝之前的九品中正製造成的「上品無寒
門、下品無世族」現象，隋朝開始了科舉制度。
「科舉」這個名詞，原指「設科舉士」，實際只
是考試選才這種制度的產物。因為有這種制度
的調劑，平民擁有了握權的機會。從教育而言，
中國官立的學校大多有名無實，所以實際的教育
事業，無論是人才教育或民間教育，都是採取放
任政策，而政府統制教育的工具完全靠著科舉制
度。也就是說，官學主要還是針對貴族子弟，但
因為「官師合一」，私學也必須投靠官師來取得
考試身分，因此導致於十分重視文化教育。

其實談到唐朝，也因為學術自由，不僅有強大的軍事力量，同時唐朝的禮儀、文明、教化、文化等這一方面，到現在為止來看，都是一個群星璀璨的時代，有眾多的思想家、文學家、藝術家出現。只要一說唐朝，「唐詩」就是一個非常有名的代表。唐詩並不會集中在某幾個詩人身上發表，只要是民間很多人都可以提筆抒發感情，便是唐詩。這也反應出當時的官學與私學之間有著直接的關係。因此，才會說隋唐朝在中華文化的教育史上，可以說是達到一個「前無古人，後無來者」的最高狀態了。換句話說，前面提到的夏、商、周、漢、魏晉南北朝時期，都是為隋唐教育發展達到一個鼎盛巔峰所做的鋪陳，即便一直到現在，我們在文化教育這一方面，都無法和隋唐時期比齊。

宋朝時期「書院遍布」及「文化轉向」

唐之後經過五代十國的天下大亂，就來到了宋元時期。這個時期的中華教育特點是什麼？

其實可以用二個詞來概括它——一個叫「書院遍布」，第二個叫「文化轉向」。

首先，在宋初時期，基本上是延續了唐朝的教育體制，這時官學齊備的教育制度被傳承下來，但是民辦的私學這一塊，剛開始是非常興盛的，為什麼？因為經過五代十國，天下大亂，民不聊生，生靈塗炭，宋初建國時，無力維持官辦教育這一塊，因此鼓勵私學，並以書院的形式為主，形成急功近利的方式去延攬大量治理國家的人才。在當時，只有書院更有利於成批的培養人才。因此，書院的建立就是這樣的環境下，各地都開始建立書院，有一些著名的學者，就可以集中在一個地方去講學。取代了宋朝之前，學者必須自己去招攬徒弟及學生，其實在是能力及宣傳力度各方面都很有限的，所以若有了書院的話，這些都交由書院去處理，學者只要專心去傳授學問即可。

所以宋朝時期有幾個著名的書院，比如說江西廬山的白鹿洞書院、河南商丘城南的應天書院、湖南衡陽的石鼓書院、湖南長沙的嶽麓書院

都是在宋朝開始建立起來且誕生的。南宋的時候，書院就更多了。所以才說「書院遍布」，就是宋這個時期的特點。

　　其次，宋朝書院建立時，其教學內容以什麼為主？其實一改當時魏晉隋唐時期的多元化教育，宋朝時期改為「重文輕武」，就是側重於儒學的理學，尤其是在宋的後期。而這也大大反應出整個中華文化的轉向，以及整個教育內容的方向。第一個特點就是更加重視科舉制度，宋代科舉並在考試內容上也作了較大的改革。宋代科舉基本上沿襲唐制，進士科考帖經、墨義和詩賦，弊病很大。進士以聲韻為務，多昧古今；明經只強記博誦，而其義理，學而無用。王安石任參知政事後，對科舉考試的內容著手進行改革，取消詩賦、帖經、墨義，專以經義、論、策取士，並在於通經致用。到後期又加入宋明理學，即為兩宋至明代的儒學。雖然是儒學，但同時借鑒了道家甚至是道教和佛學的思想來作為選拔官吏。所以政府提倡什麼？百姓就跟從什麼？於是到宋朝以後，中華文化的整個教育觀及教育方向，做了

一次很重要的轉向，導致之後已經開始走下坡路了。

元朝用程朱理學控制教育發展

現在說到「元朝」，指的就是蒙古，也是中華民族頭一次被少數民族全面降服了漢民族的開始。蒙古族本身就是以武力起家，可以說是「馬上打天下，馬上治天下」。而滅掉南宋的蒙古首領就是忽必烈。

忽必烈在打下南宋以後，知道這個漢民族的優勢及缺陷，因此希望能夠跟漢文化融合，然後利用漢文化來統治漢族人，所以在滅宋以後，對宋朝遺留下來的書院採取保護、提倡，同時嚴格加強控制的政策。在當時，忽必烈曾經下詔書，嚴禁侵犯書院，而且允許私自辦學，但是有一點，就是對書院教些什麼內容？及教學方式有嚴格的控制。而且無論是官學、私學，在元朝都朝這樣方向進行，並加強和奉行。

比如朱熹就是在元朝時期，程朱理學最具代表的人物。元朝甚至還冊封朱熹為聖人，是屬於儒家的聖人，為什麼呢？

　　其實從元朝的角度來講，以武力屈服漢人並不容易，因此必須得以文化來教化及收復人心。因此保留一些儒生或漢人開設的書院，並保留一條能上升之路像科舉制度，讓民間優秀且有智慧、有知識的漢人，專心考試，並成為元朝統治者所用的人才，以化解民間一些漢民族的抵抗或反抗力量。

　　同時，最有利於統治階級的就是用原統治者的力量來統治漢族，因此在思想上必須達到一個統一，而漢文化當中又推崇程朱理學，其內容並不是孔子全部的儒學思想精髓，而是拿出儒學思想中一部分「五常」，也就是「仁義禮智信」讓老百姓去尊敬及遵循，把百姓教化成了乖巧柔順的牛和羊。於是，元朝的統治者就選擇了把程朱理學作為官學與私學的共同內容。也因此，就另一個角度來看，似乎元朝允許私學，而私學基本上又等同於官學，但是對於私學發展的一個重要

指標就是學術自由的這一塊卻被嚴格的控制了，更顯示出在元朝時期，比起宋朝的教育發展又更加沒落，也代表整個中華教育領域開始沒落。

規模空前但屢遭禁燬的明清階段

等到了明清階段，若用一句話來描述其中華教育傳承的特點，只能用「規模空但前屢遭禁燬」來概括。為什麼呢？以「規模空前」來講，明清時期可以說國家版圖擴大，人口眾多，但是從教育特點及角度來講，卻缺乏創新。試想，整個明清兩個朝代加起來500多年，卻沒出幾個著名的學者、哲學家、教育家，比如像王守仁（即王陽明）、王廷相、黃宗羲、王夫之、鹽源，基本上也就這幾個，對後世產生影響。但之後著名學者便寥寥無幾，為什麼會這種情況呢？先說明朝的開國皇帝，也就是朱元璋。

朱元璋本身並不是文化人，對傳統中華文化當中的力量是害怕的。因此，在選擇官學和私學

這方向的教學內容，他也延續元朝的發展，選擇了程朱理學，並更加的推向高峰。為什麼？其有典故，在於朱元璋本身姓朱，朱熹本身也姓朱，所以朱元璋就覺得與聖人朱熹是同門，覺得臉上有光，然後朱熹的這一整套學說，是非常符合統治階級的利益。如此一來，程朱理學即符合統治階級的利益，又跟朱元璋本身沾親帶故，因此在明初時程朱理學成為顯學，並取得獨尊地位，也因此大大的限制了學術自由。

之後，有個性的學者們，有自己那一套研究方向，但政府又不允許，怎麼辦呢？於是很多不滿官學和這套理學的一批人，又有自己的教育抱負，就跑到各地大興私學，完全不聽政府的了，自己開學傳授學問，使得在宋以後相續沒落的書院，就各地開始復興了。新興的書院不斷的湧現，到了明朝的正德年間時，新興的書院達到了巔峰，在民間就形成了一種學術非常自由的風氣，各種思潮風起雲湧。這時統治者發現不對，思想本身是要統一到程朱理學，這樣才更有利於統治，但各地的書院卻如雨後春筍般私底下成立

起來，促使百姓思想自由，創新力就提高了，相對力量也就強大了。這個是統治者不願意見到的。所以到了西元1538年，也就是嘉靖16年，發生了在中華文化史上第二次文化大浩劫。

這一年，嘉靖皇帝正式下令焚毀各地書院。到了第二年，嘉靖17年（西元1539年）又下詔，再次毀掉天下書院。第三次在明神宗萬曆7年（西元1580年）時，又一次下詔禁燬書院。第四次則在明朝天啟5年下詔禁燬東林書院。這是因為明朝的東林黨，就是以東林書院為核心所培養出來的這些學子們，與把持朝政的閹黨魏忠賢之間的黨派鬥爭，最後是明朝滅亡的很重要一個因素。

不過，這四次禁燬書院的事件，對中華整個教育發展影響是非常的遠大，尤其是明朝想要達到統一，因此涉及文化思想，就大力禁燬以書院出發的私學，其實整個影響僅次於中華歷史上第一次文化大浩劫的秦始皇焚書坑儒，也造成明朝最後的滅亡，有直接關係。

但回過頭來看明朝時，整個中華的教育規模已經發展很大了，尤其明初的時候，私學更替

代了官學。但是教育已經為統治階級所利用，從宋、元，至明愈來愈嚴重，甚至一直到清。要知道教育的發展，一定得以學術自由為前提，這樣子全民的創新力及創造力才會發展出來，並得到一些輝煌成績。所以不管在人文方面、科技方面、文明文化方面、人文道德方面、精神狀態、精神領域、物質生活方面，才都會以文化教育為主流導向，然後帶動方方面面的發展。

對照東西方千年的文化發展脈絡

所以，講教養學為什麼要從教育的發展史下手？是因為在過程中，才能搞清楚，中華教育文化為什麼一點點沒落了？相較於西方的教育文化

父母教養便利貼：

要知道教育的發展，一定得以學術自由為前提，這樣子全民的創新力及創造力才會發展出來，並得到一些輝煌成績。

發展，才200年就興起了，崛起了，但中華教育文化沒落是有千年歷史的，興起也是有千年歷史的，它不是突然之間就來的。

因此對比一下，當中就看到了西方的教育，從一開始的古羅馬滅亡之後，到後面修道院式的學校教育開始成型誕生，然後一直到現在，發現西方的政府並不限制其學術自由發展，於是自然的發展成了人文哲學、自然科學等這些方方面面的研究。以西方歷史來講，不管是教會，還是國家統治者，對於思想自由及學術發展都是秉持一個鼓勵的態度。所以說從西元1088年在修道院式的學校成立第一所大學，到現在接近1000年的歷史，尤其之後歐洲的文藝復興時期帶來了整個思想大解放。這一步一步的走來的1000年，造就一條自由的路子，讓人的智慧、人的知識無限的擴展，才發展出了現在的西方科學、科技。

而回到東方的中華文化，唯然中華文化裡的教育事業起源最早、成型最早、規模最大，但是發展到唐朝時就已經達到了巔峰——教育自由、學術自由。尤其在經歷了大漢王朝的獨尊儒術教

化，使得專一強化，形成了民族的力量。而隋唐時期的多元化教育，讓思想打開、格局放大、包容兼具，所以達到了大唐王國的鼎盛。但是從宋以後，乃至元、明、清朝卻發現統治者對教育這一塊不斷的固化，並抓住了教育這一塊，不允許其有自由的學術思想出現，到後來，更有幾次大發展卻被政府強行以暴力手段給鎮壓下去了。

　　尤其元朝因統治者是蒙古少數民族，雖然入主中原，但是畢竟其文化還是採奴隸制，其生產方式及思維模式極其落後，也沒有什麼文化和文明可言。所以元朝可以說是把奴隸制的思維帶向了中原地區的漢民族文化，透過統治者掌管科舉制的官學關係連帶影響私學的方式，把中華地區的漢人變成奴隸。所以在元朝後期推行程朱理學的過程中，嚴厲規定科舉考試的內容只能用程朱理學，特別是朱熹著作中的這些觀點及思想來做解答，於是之後就逐漸形成了八股文。如此一來，隨著文字的發展及文章的結構，更重要的是把人的思想緊緊的固著在朱熹的《四書章句集注》及幾本著作上面。而更可悲的是，到了明朝

朱元璋開國以後，雖恢復漢族政權，但他又沿襲了，甚至加劇了元朝這種奴隸制，並更加強調八股文。

　　而經歷兩個朝代，把中國人搞得像奴隸般的思想。皇帝有至高無上的權利，這其實在以前是沒有的，以漢唐時期來說，皇帝並不是至高無上的，因為有宰相負責制，所以皇帝也不能太殘忍，會由宰相及六部會制衡，皇帝也得受其管轄，並不是說殺誰就殺誰，想讓誰當宰相誰就當宰相。但到了明太祖朱元璋卻廢宰相不置，以尚書任天下事，皇帝變成有至高無上的權利，也把元朝蒙古政權的奴隸制帶入了中華文化中，一直延續到現在沒變過。

　　相較之下，反而大漢大唐那個時候才是真正大漢民族性的體制，到了元朝，政治結構徹底的改變，到現在中國的統治者還是沿襲著這個思路，現在的教育學方向還是和宋元明清沒有什麼兩樣，十分可惜。

清朝雖比元明寬鬆，卻仍禁錮思想

後來清初，滿清入主中原本土，對書院採取什麼政策？講白了就是非常嚴厲的抑制政策，於是有清朝的文字獄，這對中華文化及文明的制止，是非常嚴重的，也是非常離譜的。一直到什麼時候？就是到了清朝康熙年間，民間學習傳統文化，這個教育政策才開始有一點寬鬆，允許民間辦學了，為什麼？

因為這個時候清朝的統治已經穩固了，而且康熙皇帝本身執政61年，所以對政治很有自信——統治者有了自信，不恐懼了，不怕老百姓會做什麼反抗，因此讓百姓開口說話，正常交流，就可以傳遞思想，可以傳遞不同的思維模式及觀點。

所以在清朝時，真正對中華文化做出一點貢獻，也就是在康熙皇帝執政時，支持教育，甚至鼓勵私學，也因此之後為什麼會出現「康乾盛世」，也就是指清朝從康熙中期到乾隆中期經濟

繁榮的局面有直接的關係。從研究歷史角度，就會發現歷代盛世的出現一定和學術自由緊密相連，這也表示康熙後面的幾代清朝皇帝，對教育這一塊還是採取比較寬鬆的一個政策。

至於清朝的文字獄基本上都是在清初之時，為了統治權的穩固，大行文字獄，殺死那些有知識、有想法並掌握傳統文化的這一批仁人志士，留下來屈服於外族，沒有思想、沒有文化、沒有骨氣的這些人，好使統治地位穩固。之後，待政治穩固後，開始轉向寬鬆的文化政策。但雖說寬鬆，其實其也不寬鬆，只是跟元、明兩代相比，清朝在對教育文化的確比較寬鬆。不過，就從私學的角度來講，清朝後雖說鼓勵私學，但還是控制得非常嚴格，即便如此，在清末時期，全國的書院的數目反而超過了任何朝代，約有接近2000所的書院成立，其實這個規模可真是不得了。

反觀歐洲的大學在此時建了多少間？但對照清末時期書院2000所，其中區別在哪裡？要知道歐洲大學都是學術自由發展，不但有自然科學，還有人文思想，包括哲學、政治學、語言學其

實都有含括。相較之下，清朝的書院數量雖然很多，但只允許教程朱理學的內容，沒有發展自然科學或科技，十分可惜，也代表中國為什麼發展不出科技的問題，在於政治力操作。

在中國歷史發展過程中，所謂的「帝王學」，其實叫「自卑的帝王學」，它不敢讓民間去自由發揮學術，也不敢讓老百姓自己去發揮其創造力。所以才說從宋、元、明、清，一直到現在，都沒有一個自由的空間。1000多年了，雖說是中華民族、炎黃子孫，但這個思想就是被嚴密的禁錮著，不允許有任何放鬆。因此，就整個教育的脈絡及沿革來看，就可以說明為何中華文化這麼早就有教育，甚至比西方還早就有科學發明，卻一直沒有發展出現代的科學技術。

父母教養便利貼：

從宋、元、明、清，一直到現在，思想就是被嚴密的禁錮著，不允許有任何放鬆。因此，中華文化早就有教育，甚至比西方還早就有科學發明，卻一直沒有發展出現代的科學技術，就是這個原因。

到 20 世紀的第三次文化大浩劫

所以從整個教育史的沿襲角度來講，從唐朝以後，至宋、元、明、清，不管是官學也好，私學也好，一個文化導向就是只為了科舉而科舉，也就是科舉考好了，只能當官，為統治階級服務，就是當個好奴才。也就是說清末雖然有2000所書院，但都培養什麼人才？其實就是培養有知識、有行政能力、會寫字、會識字、會阿諛奉承、會當好奴才的人，統治者是不允許老百姓在思想學術方面有其他方向可發揮的。換句話說，中華教育發展至此，在思想上及教學內容上已經被全然的封閉了、禁錮了，怎麼可能在這種情況下出現自然科學的發展呢？

畢竟往自然科學發展去研究，在社會上是沒有任何的利益。舉例說明，比如發明或創造一個東西出來，或是研究數學、幾何、天文等等，他可能連工作都沒有會被餓死，因為政府根本不提倡這些東西，即便想教別人，也沒有學生肯來

學，所以這就是中華文化可悲之處。

但是反觀大漢大唐的時候，卻非常的自由。如果按照大唐王朝多元化的學術自由方向發展下去，恐怕整個世界都會改觀。以大宋時代來講，正好是西方修道院式的的學校開始形成大學，開始放開其思想學術並逐漸發展的一個過程雛形，但這時的大宋卻開始禁錮民間思想，封閉觀念。所以才說這時西方世界朝正嚮往上提，但中華文化卻在同時的這個階段是往沉淪往下拉，就這樣經過了1000年。

西方國家在這1000年期間，不但加速思想開放，再經歷歐洲的文藝復興又加速了宗教破除，神學破除的限制，此時年輕人開始嚮往科學，以及更加自由的思潮，使得西方反而出現了百花齊放，百家爭鳴的這個狀態。但中華文化從宋元明清一直到現在，卻一直不斷的禁燬自己的文化，不斷的打壓學術自由，不斷的禁錮思想，封閉觀念，就這樣持續了1000年，後面又延續到了1966年文化的大革命，這是中華歷史上第三次文化大浩劫，不但是最徹底的一次，甚至還全面否定了

傳統文化的所有東西，其影響遠遠超過了秦始皇的焚書坑儒，以及明朝四次禁燬書院，把中華文化一步就拉到了最谷底。

因此到了現在，中國只有官學，沒有私學。民國時期，由於政府還沒有中央集權，還出現了文化復興的一些苗頭，但是到了1949年以後，就全面禁止私學，一切都以統一思想為基本原則，完全沒有任何的學術自由，才導致了中華文化這幾十年來全面轉向西方，去向西方學習，因為我們已經把所有上萬年以來，從上古至今所積累下來的所有傳統文化的這些智慧、寶貴的財富及思想寶藏，都已徹底的否定和拋棄了，反而從各個領域都在學習西方，這就是現狀。

近 200 年世界發展動力由東方轉向了西方

教養學談到這裡，前面幾章給大家介紹了古今中外在教育領域上，各國家及民族的教育模式、教育內容，及教育起源的大架構及框架。也

知道具有系統化的、成熟的東方教育其實是源自於中華民族文化，而且從三皇五帝一直到夏、商、周，直到現在中華民族對東方人的教化就沒有中止或中斷過。只是近100年來發生了極大的變化，使得東方的教育體系在崩解或遊移中擺盪。

從大一點的歷史洪流來看，從魏晉南北朝到隋、唐、宋以後，中國整個教育體系開始走向封閉，為統治階級服務，也就是說後面明、清時代開始了「愚民政策」、「順民政策」，甚至「奴性政策」，一直到現在都是這樣。

雖然至宋朝左右，中華文化的教育正在走下坡路，朝向封閉的狀態，但這時的西方教育卻走向學術自由、個性發展之風氣興起，一直到西方的文藝復興達到高峰、高潮，再往後發展出了自然科學領域領先的先進運動，也就是所謂的「學術自由運動」，才誕生了現在的推動世界發展的這幾個革命，比如工業革命、科技革命等，一直到現在，接近200年的時間，世界向前發展的動力由東方轉向了西方。

但現在中國文化已經完全放下了或拋棄了所謂系統性的、傳統式的教育方針，只是一味地向西方學習，但這樣真的好嗎？真的適合我們東方的孩子嗎？值得思考！因此接下的一章，將從教育學、教養學各方面具體的解讀一下，並詳細的分各個階段，包括從0歲懷孕一直到孩子成長至18歲，並根據人體的身體生理和心理的結構以及發展的規律，來談父母如何教化教養孩子。

父母教養便利貼：

至宋朝左右，中華文化的教育正在走下坡路，朝向封閉的狀態，但這時的西方教育卻走向學術自由，一直到西方的文藝復興達到高峰、高潮，再往後發展出了自然科學領域領先的先進運動，於是以接近200年的時間，世界向前發展的動力由東方轉向了西方。

第七章
養出優秀孩子，從教養三階段開始

俗話說：「有了孩子才學會怎麼當父母的？」

因此想要教出優秀的孩子，身為父母的你有足夠的教養學知識嗎？

你知道孩子的成長分為哪三個階段嗎？

你知道孩子在幾歲之前就已奠定發展的基礎嗎？

你知道怎麼幫助孩子發展健康的身心靈嗎？

范明公精英教養學怎麼幫助父母教出優秀的孩子呢？

從懷孕到孩子成長的教養三階段

　　想一想，真正的教育、教化、教養之道從什麼時候開始？其實，我們人類從懷孕、受孕的時候就已經涉及到教育、教養之道了，一直到18歲成人為止。因為18歲成人之後就會離家，或者上學、工作，在社會上也把這個人當成成年人來看待了。因此，孩子在18歲之前都是一個正常的教養過程。

　　所以，從懷孕到孩子成長至18歲之前，教育過程又分了幾個階段？其實大體分三個階段。

　　第一，育兒階段：從受孕一直到哺乳期結束，再到嬰兒期、幼兒期的前期，約0～3歲。
　　第二，教養階段：從幼兒期後期的3歲，到剛上小學階段的7歲。
　　第三，教化階段：從進入小學開始至成人，約7～18歲。

因此，以下將按照這三個階段再具體分析兒童的身體、生理的結構，以及心理的發展過程，包括腦神經的連接。並在孩子的生理基礎上，父母如何配合其心理的發展及成熟度，為孩子提供心理上和生理上的協調，以及父母如何能更好地做好育兒工作。

精英教養學的順序：健康→快樂→成就

　　講到育兒之道，這裡涉及許多跨學科的很多內容，其中包含著生理解剖學、胚胎學、神經學、腦神經科學，其中又涉及營養學、心理學等等，可說是一門完全跨學科的科學內容。因此，在孩子0～3歲的育兒期的這階段，父母又應該如何做到生理和心理相對協調的狀態下，讓兒童能夠健康茁壯成長。

　　前提就是通過自然界對人體的生理和心理發展規律的掌握，界定或者引導身為父母的我們該怎樣養出符合正常又健康發展的孩子。首要目

標就是要帶出身心靈都健康的孩子，因為沒有健康就無從談起什麼成就，而快樂也是建立在健康的基礎上的。所以站在范明公之精英教養學的立場，健康是第一順位，快樂是第二順位，成就是第三順位，並按照這個序列來教化、教養、養育我們的下一代。

這是很重要的育兒概念。因為，父母如果把「望子成龍，望女成鳳」放在第一順位，那麼現實中會把「成就」看得很重，便凌駕於健康與快樂之上的話，之後很容易產生親子衝突，也會讓孩子對人生找不到意義。所以范明公的這一套精英教養學是建立在孩子今後成就建立在健康與快樂的基礎上的，先有了健康與快樂，孩子才能在現實中取得任何成就。因為孩子長大以後所獲得的成就，取決於小時候就建立良好的情商、自信、安全感及歸屬感等諸多方面能力。

因此第一是健康，第二要的是開心和快樂，第三才是成就的這個排序是不容調動或更改的，也是非常非常重要的。所以我們做家長的、做父母的，首先要想好我們要的是什麼？是不是按照

這個順序排名？那麼接下來，在孩子成長過程中如何進行育兒、教養、教化，才會更順利。

學齡三階段及試運行階段的重要性

事實上，孩子長大以後要有成就的基本因素，在哺乳期之前就已奠定了三分之二。所以父母愈早重視孩子的教養學，愈容易達成目標。那「愈早」是從什麼時候開始呢？其實從受孕的時候就開始了。人說懷胎十月，當孩子還在孕育階段時，就已經決定他今後的命運及個性的養成，甚至影響今後的智商及情商，因此胎兒期階段其實是人生最重要的起步階段。

所以，就學齡前兒童發展的重要階段也分為三個：

第一個就是前面說的懷胎階段。

第二個重要階段是在哺乳期，出生之後一直到9個月左右。

第三重要階段就是從哺乳期，一直到7歲前。

7歲以後呢？孩子在7歲時，大致人生就已經定型了，無論是智商也好，情商也好，甚至對世界的觀點、看法就已經有一定模式了，包括孩子的思維模式、情感模式、付出模式、關懷與愛的模式、工作的模式、行為的模式等等，大部分都就已經註定了。

雖然一直要長成到18歲才叫做「大人」，但有學過教育的人都知道，真正的教育最好集中在7歲前。因為7歲以後，就已經不是教育的問題了，孩子的所有思維模式、行為模式直接就是啟用階段了，所以如果沒有方法能夠從心理深層改變的話，一個人從7歲時就已經定性了，這一生的行為及思考模式是難以改變的。

而7～18歲又是一個什麼過程？這階段其實是一個修復7歲以前人在生理和心理上能否健康、協調、圓滿的過程，估且叫人生「試運行」的階段。在試運行的過程中，能發現人體的這台機器在今後運行中會出現什麼問題？孩子在身心上是

否能夠正常且健康地運行？

打個比方，孩子從懷孕的胚胎開始，一直到7歲成型，其實就相當於一台電腦一樣，從開始生產電腦開始，先從硬體逐步配置完善，過程中軟體也在不斷地成熟。也就是說，一台電腦是由硬體和軟體這兩個重要的因素結合而成的成品，這樣才能形成一台可以運作的電腦。而這台電腦是從什麼時候就算基本到位呢？其實只要一台半成品的機器可以成型了，就是到7歲的時候，一台電腦硬體和軟體可以合起來試運行了。到18歲以前，可以試運行10年左右。

在試運行的過程中如果發現有什麼問題，其實就可以調整及修復的，尤其是在18歲之前的青春期階段。18歲以後，人到了社會中，就相當於這個電腦正式出廠，正式可以在現實中啟用了。

父母教養便利貼：

在試運行的過程中如果發現有什麼問題，其實就可以調整及修復的，尤其是在18歲之前的青春期階段。

如果在7歲之前，生產這部電腦時，在硬體或者軟體方面有了bug，出了問題，到了青春期在試運行的狀態下又沒有修復。過了18歲之後，直接放上社會，就相當於一台有著品質缺陷的電腦直接到商場去賣，如果有人買了這台電腦，在應用過程中一定會有諸多的問題。因此，教養學、教化學、育兒學的重要性就在這裡。

　　因為換句話說，18歲以後在現實中出現的一切問題，比如身體的疾病、情緒上的失控、智商情商的不足、沒有自信、沒有安全感、沒有歸屬感、恐懼、抑鬱、焦慮等等所有現實中的症狀，都是根源於7歲前沒有打底好，然後在7～18歲又沒有處理好所造成的。

東方用「一」破西方科學的第一道教養難題

　　所以教養學這一門學問很不容易，為什麼不容易？因為它很難搞成一整套的體系，最大難題有兩個：第一，教養學其實涉及人體生理結構的

發展，同時又必須考量心理發展的過程，涉及諸多的學科在裡面。換句話說，教養學是一套跨學科的立體式科學系統。

就現在西方的科學體系當中各個領域都是獨立的，比如營養學是獨立的、腦神經科學是獨立的、心理學是獨立的、胚胎學是獨立的、神經系統學是獨立的，而且每科都分門別類，愈劃分愈細微，而教養學是要把這些學科都集中起來，那就得有所研究及分析，才能把它融合成一體，形成一個體系。因為教養的對象就是「人」，它是不能分成各個部分，每一個部分都有每個部分的發展規律，要把它合起來成為一個整體性。但西方科學只會愈分愈細，愈獨立的，相互沒有借鑒，因此在研究教養學時就會遇到問題。

比如從營養學的角度來講，光「喝奶」這一個問題，分析出牛奶裡含什麼營養元素是人體所需要的，然後直接給孩子喝，且喝愈多愈好。但從心理學及腦神經科學的角度來看，就不能這樣講，講究喝的時間及情緒，所以如果每個學科都按照各自研究領域發展，就會得出矛盾的結論。

所以這就是教養學裡第一大難題——教養是跨學科，是一套完整的體系，必須融合了各個學科的研究成果，得到一個思想正確的人類發展規律，而這個規律必須包含生理及心理。

而這個難題到目前為止在國際上都沒有辦法有所突破，因為沒有聽說有哪個學者或哪一個研究機構能把各個學科的跨領域知識整合起來，形成一整套行之有效且符合人的生理和心理發展規律的教養之道。為什麼？因為西方科學體系就是這樣發展出來的，它就是愈分愈細，把一個整體劃分成各個碎片，再把大的碎片劃成小碎片，小碎片再劃成微粒的科學研究方法。換句話說，就是把一個完整的人切割劃分，分成各個部分，再分成碎片，這就是他們的方法，但如果要再重新整合成一個人，很難。

父母教養便利貼：

若按照西方的科學體系要來分領域、跨學科的方式來整合教養學很難，但按照中國傳承千年的智慧體系就很容易，因為東方的智慧體系講的就是整體。

不過，在中國所傳承的文明及教育體系裡，這就變得非常簡單，因為中國的智慧體系講究的就是不離整體，它就是一套整體的東西。不管在那個領域研究，一定不離整體，稱之為「一」，像「一以貫之」、「天人合一」、「不二法門」等其實講的都是這個。

　　而這也是東西方智慧體系最根本的不同與區別；像西方是由「一」整體分化成二，然後三四五六七八九十。而東方是由「一」起，所謂「無級生太極」，太極就是「一」，然後「太極生兩儀」，兩儀也是分化，只是這個分化不是碎片式的，它還是建構在一個整體性的結構中去分化。比如說「太極生兩儀，兩儀即陰陽，兩儀生四象，四象生八卦，八卦生六十四」。這樣以二進位方式層層遞進，完全按照自然的發展及規律來區分，任何分出去的一支都代表著一個整體，而不是碎片，也都是原本整體的一部分，因此也都能任意的從一個分支或者一個點匯回整體，而這叫「一以貫之」。

　　宇宙萬物其實都是分裂而來的，東方所強

調的整體，按照一定的規律，再分裂，形成、構成、延伸出萬事萬物。但後面一定會歸「一」，這就是東方的哲學及思想。而延伸出萬事萬物的過程中，從任何一個分支、任何一個點都能回到「一」的狀態，因為它是按規律發展的。但西方就不同了，西方的科學是碎片——把整體打碎以後變成各個小部分、各個碎片。各個碎片的發展過程中，愈發展愈細，其實已經失去了本體。這就是東西方智慧體系發展過程中的不同。

因此若按照西方的科學體系要來分領域、跨學科的方式來整合教養學很難，但按照中國傳承千年的智慧體系就很容易，因為東方的智慧體系講的就是整體。永遠不離整體，永遠不離那個「一」，離開「一」就不是中國的智慧體系了。

所以只要把教養學當中的「一」找出來，這個「一」既叫真諦，也叫最基本的規律，便很容易地就能認識教養學真正的發展規律，就能好好地掌握它、運用它，用「一」破解教養學第一個跨學科的難題。

教養學第二道難題是臨床經驗難取得

第二個教養學的難題是什麼？教養學的真諦絕不是僅僅從胎兒期、嬰兒期、哺乳期做大量的實驗就能得到的。因為光憑所謂科學實驗是不行的，得出來的只會是冷冰冰的資料。而且教養學涉及到一個人從懷孕一直到出生，及成長的過程，是活生生的。另外，在成長過程中，還會有生理結構的發展、心理發展的過程，同時還有意識以及潛意識的不斷運作過程。而這些，有的還不一定用現在西方的儀器所能測量得到的，或者用所謂的心理學實驗能接觸得到的深度。

因此要想真正瞭解一個孩子從出生一直到長大，他的心理活動是否正常，以目前的醫學及科學研究，得從成人階段的各種行為、症狀、狀態，再回過頭來找他在成長過程中的經歷。包括在成人的過程中是否正常生活、工作、學習、人際關係如何，在做事的時候所面臨的各種事情反應，例如幸福、開心、疾病、障礙、人際關係的

衝突等等，也許也會有抑鬱、焦慮、煩惱等等。

　　就像一台電腦，拿到手了之後，在使用過程中發現各種不好用的地方時，像當機、損毀、跑不動等等，甚至還有各種bug出現。這些並不是說在工廠時做了多少檢測可以檢查出來的，的確工廠的檢測很重要，檢測項目齊全，能修復得又快又好，還能保證電腦事故率低，但即便都檢測了，沒有問題了，但萬一遇到真正事故發生時，又有誰說得清嗎？

　　一定得在這台電腦在使用過程中，看它是否各方面都正常，如果使用的過程中各方面狀態都很正常，就說明這個電腦在生產時、檢驗時都已過關，沒有問題的。其次看電腦的軟硬體合格不不合格，就如同孩子在人生之路學習、生活、工作一樣，這當中是否一直採取一種健康、積極向上、開心的狀態。如果一直是這樣，就證明7歲前，父母在養育這孩子的過程中是很成功的。如果不是，孩子一碰到一點事兒就抑鬱、恐懼、擔驚、受怕、焦慮，人際關係處理不好、智商及情商很低，就表示孩子在7歲之前，父母的整個教養

過程中恐怕出現問題。

　　所以教養學第二個難題在於如何取得大量針對成人個案的基礎做分析，才能掌握教養學的真諦。換句話說，就是必須取得大量針對成人問題的各種症狀之臨床經驗，才能從中探討教養之道。

　　這就像你是一個電腦維修部工程師，當所有有問題的電腦集中在這裡，要怎麼維修？一定是先檢驗電腦是軟體或硬體出了問題？查找部分出問題的根源，然後再修復它，電腦才能被修好，再重新使用，不是嗎？有了豐富的維修經驗後，就知道使用過程中哪裡出了問題，或是出廠時哪一個零件是有bug的，只要把這個零件換一下就能修好了，也或許是軟體出了問題，回到出廠設置重新設計或檢查，修復一下，電腦就好了。

　　而什麼樣的人最瞭解電腦？就是那個電腦維修的工程師。因為長時間投入了心力，同樣的要真的想學好教養學這套東西，就必須針對大量的成人個案為基礎做分析，而這叫「臨床經驗」，臨床經驗愈豐富，就愈知道如何從根本教好這個孩子，以及如何正確撫養這個孩子。等孩子長

大以後，才會是健康的，不會出現奇奇怪怪的症狀。

用「教化眾生」破解教養學第二道難題

不過，能有大量的、豐富的臨床個案經驗的學者、研究者實在太少了，幾乎沒有。導致現在的教養學在國際上難以形成一整套能被所有科學家、育兒專家都能認同的科學體系。因為，教養不是一個能分化的學科，也不是盯住一個點就能深入做研究的學問，它是一個整體化的東西。而且研究的是活生生的人，不是機械。因此在這前提下，西方的科學體系是很難做到的。

但用中華先聖們的智慧體系，也能輕鬆解開第二個難題，為什麼呢？因為中華先聖所創造的這一套智慧體系叫「教化眾生」，為什麼「教化眾生」？因為要「拔眾生之苦」。怎麼拔？就是把從先聖這兒所學到的儒釋道智慧體系拿出來應用，用佛教的慈悲及儒學的「經邦濟世」，以拔

眾生之苦，滿眾生之願，以此引領眾生、教化眾生，來化解孩子所碰到的障礙，甚至療愈身心的疾病。可以說歷經三千年來，所有中國的聖賢之人都是因為掌握了這一套智慧體系後，並真心應用和實踐在生活中及工作上，反復運用，因此講起來，我們東方才是真正擁有大量的臨床經驗背景所建構及印證這一套智慧體系，拿來療愈、修復、破除現實中的眾生所遇到的各種障礙，並排憂解難。

相較之下，如果你沒有療癒眾生之苦的能力，不能幫人化解這種衝突、怨恨，或者幫人破除現實生活中的障礙，就不能當聖人，充其量只能叫學者，以研究理論為主。因為我們的祖先最反對的就是空談理論，一切的先祖智慧都一定要應用在現實，幫助眾生解決痛苦、解決問題，來印證這套智慧體系。

所以對西方來講，兩道無法破解的教養學難題，但在中華智慧體系下，卻輕易解決，也是我們的長項所在。所以真正能提供完善的一整套教養學理論，也只能出現在中華文化中，這就是結論。

「贏在起跑線」的教養謬思

　　到底，教養學應該從什麼時候開始教化、教育這個孩子？相信「贏在起跑線」是許多父母耳熟能詳的話吧？對孩子的教育，從一開始就讓孩子領先一步，起跑比別人快、比別人早，優勢是不是顯而易見的呢？

　　沒錯。所以現在很多的家長都特別注重學前教育，所謂的學前教育就是指孩子上小學教育時，7歲以前的教育。但7歲就是孩子的起跑線？可見有許多家長都把「贏在起跑線」這個話理解成在7歲前。所以當孩子5、6歲開始就安排重點學校的學前班，然後在7歲前就讓孩子參加各種課外班、興趣班，於是孩子在7歲上小學以後便多才多藝，甚至把小學一、二、三年級的課程都已經學過了，唐詩宋詞背了多少？字已經識了多少？數已經算了多少？英文已經學了多少？因為從家長的角度來講，這就叫「贏在起跑線」。

　　但回頭問問這樣做的家長，你真的很清楚

也很肯定這就是「起跑線」嗎？如果連你自己都弄不清楚起跑線在哪？會不會讓你的孩子跑錯方向，永遠都到不了終點呢？所以問題來囉，「起跑線」是7歲嗎？

其次，從孩子4、5歲才剛會說話表達，就開始進行大量的背誦、算術及各種興趣班，是想早早地開發孩子的智力？但你真的瞭解這是孩子能接受的教育嗎？你有把握能使孩子早早達到你想要的目的嗎？但你有沒有想過一個問題，如果父母沒有按照孩子身心發展的規律，就強行要求孩子學這學那，到最後有沒有可能會適得其反？

其實根據最新的兒童心理學研究顯示，父母想早點給孩子開發智力，讓他超越普通的同齡人，卻沒有思考孩子的身心發展規律，很有可能會適得其反。

所以，反問你自己，你瞭解孩子發展的生理結構、腦神經發展規律和心理發展過程嗎？如果你都不瞭解這些，你所做的都只是「你以為對孩子好」並如此要求孩子時，就是因為你的不懂、無知，很有可能會徹底傷害了孩子的身心發展，

導致災難性的後果。所以，你想成為這樣的父母嗎？

父母應該要有最基本的教養學知識

所以作為父母要有最基本的教養學知識，就是孩子從受孕，一直到成長發展，到成人的這段期間，其整個生理及心理的發展規律，你必須得掌握。否則按照你認為的那個方式帶孩子，雖然動機是好的，也只是盲目瞎帶。沒有任何一個父母想害孩子，一切都是為孩子好，但是因為你不懂教養的原理原則，所以愈愛孩子反而愈害孩子。這就是為什麼我們開教養學這門課的意義所在。

而這一套教養理論應該什麼時候學？當兩個年輕人結婚以後，擁有孩子之前，夫妻雙方都應該學習這一套教養學，這樣在帶孩子的過程中，就會知道在那個階段應該做什麼事情，才會符合孩子的生長發展規律。父母只要按照這個規律

做，保證孩子長大以後都會是健康的、快樂的。至於有沒有成就？那要看孩子長大以後的機緣，但只要有機會，他就很容易功成名就。

所以養育、教養孩子本身是一門大學問，這可一點也不簡單。

而現在不只在中國，甚至整個國際的教養狀態又是什麼情況呢？因應科技的進步，網路的發達，反而父母不知道怎麼帶孩子，也不知道如何掌握最基本的教養學知識來教養孩子，導致絕大部分父母都是按照自己的方式亂帶。於是育兒的過程，沒有一個目標，沒有一個明確的方法，不知道什麼是對、什麼是錯，這就是教養最大的可悲之處。

就像社會上一些基本的技能，國家都有統一培訓，並要通過一個考證制度，合格以後才能

父母教養便利貼：

教育後代、教養孩子對一個國家民族及家庭來講，都是最重要的技能、最重要的學問、最重要的事情。

從事相關工作。比如說開汽車、騎摩托車、開拖拉機等等，都有必須經過培訓，知道各種規則，取得證照才能安全上路。連同廚師、會計師、律師，都必須經過國家正式的培訓、有了標準，考試合格後才能工作。反而最重要的繁衍後代和教育孩子，卻沒有國家培訓，沒有正規的考試，合不合格都能生養孩子。

教育後代、教養孩子對一個國家民族及家庭來講，都是最重要的技能、最重要的學問、最重要的事情，卻沒有人重視，會生就行。問題是你會生，會養嗎？不會養，還不如不生，因為生下來，不但自己痛苦，孩子更是一生痛苦，一身創傷，扭曲著過完這一生，這樣的孩子不但無法對社會做出貢獻，甚至還會給社會帶來更大的問題，對父母或對孩子都不公平。

而且現在中國都遇到只會生、不會養的社會問題，其實不僅僅是中國，幾乎所有的國家都存在這個問題。

教養學就是中華傳統文化中非常重要的組成部分，在中華先祖們經典中最重視的就是如何

生、如何養、如何教化後代，只是在近2～300年之間，把這一套智慧體系，這麼重要的教養之道、生養之道給拋棄了，就變得不知道怎麼做了。

秉承著聖人「三不朽」來教養孩子

要知道中國教養學是一整套的生、養，以及教化的科學體系，源自於三千年的先祖智慧傳承，更重視當下。從最早的三皇五帝就已經有成形且成熟的教養學，告訴世人如何生、如何養、如何教化，而且已經實行了幾千年，是一套非常優秀培養精英的教養學體系，更經過了漫長的時間變革及驗證，這一點很難得。因為任何的一套科學體系，都沒有經歷這麼長的時間驗證。東方的教養學涉及的是一代接著一代的人們，並不是像西方只有短短200年就能看出來這一套教養學是否符合人類的發展規律，是否能夠培養真正有利於社會的發展精英？

西方的教養學制度，早從1000年的修道院式的學校開始到現在，培養出的是許多能掌握自然科學學科及知識這樣一類人，但是在人文、人哲、人倫這方面，卻比較欠缺。而且西方的大學教育裡就沒有這些倫理道德的科目，有的也是從宗教系統、神學系統裡的博愛、平等，對有信仰的人是沒問題，但對不信宗教的人來講是沒有任何制約作用的。

反觀中華教育思想體系著重三點，哪三點？就是秉承著聖人要求的「三不朽」方向──先是「立德」，其次才是「立功」，再次是「立言」。但現在聖人的「三不朽」已經被現在的中國人徹底拋棄了。現在的中國人教育方向到底是什麼？教育目標到底是什麼？恐怕只有立功，根本談不上立德，立言更是無從談起，只是一味的吸取西方教養學。但西方人的道德標準還有宗教、信仰、神學在後面彌補立德和教化。但中國現在沒有任何的信仰、任何的宗教可來支撐這一塊，成為現代教養上的極大缺失。

光先祖的「三不朽」中的「立德」是指做人

是「立功」做事的基礎，而做人、做事又是「立言」的基礎並傳承。當沒有了立德的時候，立功何從談起？立功是正？是邪？是不是不擇手段？如果沒有道德做標準，這個功就會變成不義之財富與富貴，人性當中最醜惡的這一面就會暴露出來。因此，在沒有立德的前提下立功，是非常非常危險的，是會把人性當中的惡都徹底激發出來。所以，現在東方社會是非常危險的，甚至比西方還要危險，這是從教養、教化學問裡面得出的結論。而目前的中華民族及社會，就是這種狀態。

結合東西方精髓而形成的教養學體系

所以再來複習一下：東方的這一套教養學是以什麼為基礎形成的呢？剛才講的現代教養學之兩大不可跨越的要素為何呢？

簡單來說，中華文化的教養學就是用「一」及「教化眾生」來建立所謂的精英教養學，它完全是以中華民族傳承幾千年的先祖智慧為依託及

基礎，再結合著現代西方的心理學、胚胎學、腦神經科學、神經系統學等跨學科整合，以及大量個案及臨床經驗做實驗結果基礎。換句話說，就是結合了東西方思想及文化的精髓而形成的一整套教養學科學體系，可說是非常難能可貴，而且珍貴的一門學問。

父母教養便利貼：

中華教育思想體系著重三點，就是秉承著聖人要求的「三不朽」方向——先是「立德」，其次才是「立功」，再次是「立言」。

第八章
「贏在起跑線」的教養學比你想像更早

我們常說：要孩子贏在起跑線上，

但你清楚「起跑線」在哪裡嗎？

而真正的教養學從哪裡開始？

育兒之道又從哪裡開始呢？

到底父母要怎麼做？

才能為孩子帶來健康的成長環境呢？

教養學要從「人之初」開始

上一章提到孩子成長的每個階段，都因應著人體生理結構及心理發展上有其規律，因此父母千萬不要揠苗助長！所以從哪開始形成這一套教養學呢？就是從「人之初」開始，也就是從最早的懷孕、受孕開始。

回應之前說的「贏在起跑線」，許多父母應先搞清楚孩子的「起跑線」在哪裡，其實上小學階段前的7歲並不是孩子人生的起跑線，而是人生的終點線，因為孩子到了7歲的時候，一生已經註定了，所以才叫「終點線」。

而人生真正的起跑線是在什麼時候？哪裡才是人生真正的起跑線？簡單地說，受孕的時候就是你人生的起跑線。什麼叫受孕的時候？也就是父母親的精子和卵子結合的那一瞬間，孩子的人生就開始了。

或許有很多人質疑：精子和卵子結合的時候連物體的形體都沒有，第一個細胞叫受精卵才

形成，然後細胞不斷分裂。為什麼從那個時候開始？那個時候就能學習了嗎？首先，父母要清楚瞭解人體生理結構的一個發展過程，同時也要知道孩子的心理及神經系統又是怎麼樣發展的過程，透過這個就會知道：為什麼人生會從胚胎時期就算開始了？胎兒期對孩子的今後人生發展又占有多麼重要的影響？

再回到受精卵的形成那一刻，孩子的人生就開始了。這是有科學根據的，因為受精卵形成的那一刻，精子和卵子看似無意識的單細胞，但其實它可不是兩個空白的單細胞結合在一起形成受精卵。光是一個精子當中就蘊藏著大量基因、大量資訊的，並帶著父系所有先祖一切的積累，奮力的要與卵子結合。因此它不是空白的。想想作為一個人類來講，父系血源可以一直上溯到地球上有人的時代，然後一代傳承一代，一直傳到「我」這兒就沒斷過，因為斷一代都不是「我」。卵子同樣帶著母系所有先祖一切的基因資訊，與健康的精子結合，所以現在才能繁衍生息後代。

　　因此母親的卵子、父親的精子，都是帶著兩大家族體系巨大的信息量來結合，形成了一個受精卵，就是「你」，就是這個孩子。所以說當受精卵形成的那一瞬間起，就是人生的「起跑線」其實一點也不為過。因為當父母決定在一起的時候，就決定了下一代出生的可能性及獨特性。因為，每個父親在選擇什麼樣的伴侶時，不僅是為自己選擇一個伴侶，很重要的是他在為自己的孩子選擇他的母親。同樣的，每個母親決定另一半時，也是在為自己及孩子選擇更好的未來。於是當精子和卵子結合形成「我們的孩子」，這意謂著孩子會把兩大家族的基因又繼承下去，又會形成他的孩子，因此就生命的傳承來講，這可不是小事兒。

為優生學選擇立德之家及門當戶對

　　中華民族在文化上非常非常的在乎和重視的一件事就是「婚喪嫁娶」，這四個字中有三個字

涉及到婚姻，為什麼？因為這是大事兒。為什麼「婚」放在前頭，「喪」放在後頭？因為「婚」代表生，「喪」是代表死。兩個年輕人結婚了，不單單只是倆個人的婚禮，也代表家族的結合，更為了繁衍才結婚，所以古人把「婚」放在第一位，最重要的事兒。

選取合適的伴侶，也是人生頭等大事兒。所以，在古代第一講究的是對方門風是否良好？三代、五代是否有德？是否是積善積德之家？對方祖上有沒有大奸大惡之人？如果祖上十代、二十代之前是大奸大惡且被萬眾唾棄之人，則後面子孫想嫁娶都很難，但現代已經不講究這些了。古代是最重視「德」，所以如果對方是忠臣義士、積德行善者、修行有成者、對社會有重大貢獻者，其子孫在婚嫁方面都是優人一等的，因為祖上有德。所以「人之初」，在孩子還沒出現之前，就非常重視了。

第二，是門當戶對。這裡的門當戶對者並不是瞧不起人，豪門就不能娶灰姑娘，而是兩個人從小到大的生活環境、所受的家庭教育方方面

面其實很接近，那麼兩個人以後很容易生活在一起，不易起口角或衝突。如果生存環境的反差太大，像是富裕家庭和貧困家庭的教育理念不一樣，經歷不一樣，看問題的角度也不一樣，觀點也不一樣，思維方式、行為模式都不一樣，兩個人在一起就需要極大的磨合，甚至有人得付出、改變自己去迎合另一方，這樣婚姻的成功率、持續度會受很大的影響。所以古人講究第一是立德之家，第二是門當戶對，其實有道理的，一個是為了穩定的生活模式相處，一個是傳宗接代。

但現在無論是中國、西方都不講究這個了，因為人人平等，不問門風，甚至有遺傳疾病或精神疾病也都不在乎了，甚至都不問，因為愛情至上，等結婚多少年以後，生了孩子出現問題了才發現，原來對方家族基因裡有情況，導致孩子出生以後的各種問題。

其實在兩個人結婚之前或孩子出生之前，最好做全身健康檢查，否則兩人結婚後，若孩子有什麼問題時，兩人都應該要承擔，或者從一開始，就決定父親及母親的身體都沒有任何遺傳疾

病，生出的孩子也就不會有問題，這叫「優生學」或「血統論」。其實，中國自古以來都有血統論，西方也有段時期十分重視，但現在都不重視了。

　　就看倆人是不是相愛、是不是喜歡，喜歡就在一起，啥也不想了，甚至都不知道他家是幹什麼的，祖上是幹什麼的，父母有沒有德行，爺爺奶奶是什麼狀態都不知道，就覺得這個人是發財了、現在條件很好、聰明、有好學歷，全部只顧及現實中的表面現象，啥都不顧了。這樣的婚姻品質有待檢驗，當然未來孩子出生時，夫妻的相處之道也有待考驗了。

父母教養便利貼：

當兩個年輕人決定在一起開始，最好先做健康檢查，決定父親及母親的身體都沒有任何遺傳疾病，生出的孩子也就不會有問題，這叫「優生學」或「血統論」。

教養學，要先從「先天」開始

　　所以，以父母要為孩子負責的觀點來看，其實起跑線還要往前推，在男女雙方真正確定關係的那一瞬間，才是真正的起跑線。因此，無論男女雙方在找對象的時候，就得考慮到孩子的血統及基因，除非這輩子不要孩子。因此，不能隨便跟什麼人就生孩子了，那可不是那麼簡單，因為基因要延續，針對的可不是個人的事情，而是整個家族千秋萬代的事情。所以非常非常的重要。

　　為什麼要提這個？其實這一點也不合現在時宜，為什麼？現在社會講究的是個性化，人是自由的，是沒有階級的，是平等的。但平等是平等，有些大自然規律還是要知道，生的孩子並不是夫妻兩個人的事情，也包括夫妻兩大家族基因合成之物，所以不重視能行嗎？這就是真相，這就是規律，即便不重視，它也存在，如果不按照這個規律來生孩子，很容易會有問題，那就是「先天」。

先天的問題出在哪裡？很多包括家族相處問題、遺傳學問題、智商問題、情商問題、家族的品德教養問題？綜合素養問題等等，所以講教養學，要先從「先天」開始講。出生之後叫「後天」，因此受精卵一旦形成了就叫「後天」。而受精卵沒形成的時候就是「先天」，所以如果不重視、不在乎的話，惡果就會落在孩子身上，即使後天再彌補，有些先天的東西是彌補不了的，因為有很多東西是不可逆的，先天的東西是不可逆的。

這就是「道」，道是無形，無形生有形，生出什麼樣的有形。精子就是一個單細胞，卵子就是一個卵子，都是無形之物，結合一定叫「有形」。無形決定了有形，但要怎麼選擇無形？選擇了什麼樣的無形，最後就決定了你的孩子特性。所以真正的教養學從哪裡開始？育兒之道從哪裡開始？就是從年輕男女雙方尋找伙伴的時候開始，所以不能憑自己的一時喜歡，就什麼都不顧，那不只是你不負責任，連同對未來的家庭及孩子、子孫萬代都不負責任。

所以說要恨一個人怎麼報復他？不是打傷他或讓他打官司、蹲監獄。而是給他家的孩子介紹一個家裡無德人家的女兒或者兒子，一旦倆人結婚了，可以毀他至少八代，這狠不狠？這種報復是最狠的。

真正教養育兒的起跑線在找對象

　　因此在找對象時要注意，不能看對方漂亮或有錢，就決定終身，要知道那都是暫時的。這也解釋為什麼古人那麼重視「婚」？因為一定得非常瞭解底細，然後兩個人才能在一起。這不僅僅是對方家的孩子成長經歷，還包括他家多少代之

父母教養便利貼：

受精卵沒形成的時候就是「先天」，所以如果不重視、不在乎的話，惡果就會落在孩子身上，即使後天再彌補，有些先天的東西是彌補不了的。

前都是什麼樣的家庭，出了一些什麼樣的人，都得清清楚楚，然後把兩個門風相同的人家介紹到一起，這叫「積德」，然後他們兩家又能門當戶對，這就更好。

但如果不能門當戶對也沒關係，只要把積德行善的兩個家的孩子給合在一起，才是最重要的。所以知道真正教養育兒的起跑線在哪裡了嗎？沒錯～就是找對象。

你在找對象時就是在給自己未來的孩子找對媽、爸，也就決定了你們今後會生出一個什麼樣的孩子。這個重要嗎？最重要。教養學就是從這兒開始的，因為這是先天的決定，也是最重要的因素。所有後面的成長都叫「後天」，後天一定是在先天的基礎上，而所有的後天加起來抵不過一個先天。

198

第九章
胎教的重要性及影響，準父母一定要知！

什麼是胎教？胎教重要嗎？

其實從受孕懷胎一直到分娩為止，

胎兒在媽媽的肚子裡以階段性地接收營養及訊能，

如果這時能夠給予正確、美好的訊息刺激，

對胎兒未來的發展都有潛移默化的效果，

甚至會帶來非常良好的學習成果。

從胚胎到胎兒採階段性發育成長

　　上一章提到兒童出生之前會受先天的影響。那麼從懷孕之後，受精卵形成了，就開始分裂，一個新的生命體就已經形成了，這個就是「胎兒期」。這個胎兒期，一般人正常懷孕40周左右，大約懷胎10月，而且每周都是有階段性的。一個新的生命體的誕生，其生理結構及發展過程都有一定的規律性，太快或太慢都不好。

　　一般來講，從懷孕發生到懷孕第8周之前稱為「胚胎」。從懷孕8周後，直至出生，

稱為「胎兒」。當胚胎長成至6周左右時，在超音波上清楚看見寶寶呈現胚胎的樣子，但這時神經系統和所有重要的器官，包括心臟、腎臟、肝臟和肺臟已經在長成了。到了受孕7周左右時，胎兒已經對觸覺有一些敏感度。到了10周左右時，胎兒身體裡的所有重要器官都已經形成，雖然看起來像小肉球一樣，但已經開始有所活動，甚至開始那種自發的本能運動。

同時這時的胎兒，不只有生理器官的形成，神經系統也逐漸形成聽覺、視覺，並對一些事情會有直接的感受。換句話說，胎兒一定是先有了生理性的成長基礎後，才會有心理上的感受。

　　7周左右，胎兒的臉部就開始有觸覺的感受，到17周左右的時候，觸覺會擴展到臀部，到32周左右時就會擴展到全身了。等到受孕9周左右，胎兒就已經對母體外的喧嘩有反應了，開啟身體和心理的對應，是很重要的階段。

　　在懷孕14周左右時，胎兒的味蕾，就已經形成了，已經能嘗出味道了。這時胎兒聽覺也完善了，在母體內就已經能夠分辨母親和陌生人的聲音。如果母親經常給他講故事，長大以後對這一類的故事，就會立即反應。懷孕大概10～26周時，胎兒的眼睛雖然是閉著的，但是已經能夠感覺到光了，這些都挺重要，會在胎兒的記憶裡建立這些資料。

　　到6個月左右，胎兒已經能聽到母體外的聲音。胎兒在23周左右時，會開始做夢。

　　所以就在研究胎兒時，有一點非常重要，就

是雖然胎兒還沒有出生，但仍是一個生命體，這時有沒有知覺？有沒有感受？有沒有情緒？以及有沒有記憶？……等等，會影響胎教何時介入，這在探討教育學時是很重要的一塊。別以為胎兒在懷胎10月的過程中，只是一張白紙，其實他什麼都懂。

　　下面會針對胎兒期的發展多做一點介紹，讓父母可以更掌握胎兒期的知識，也有助於理解胎兒發展的規律性，結合後面要講的教養學，著手進行正確的胎教時，也才會有意義。

掌握正確的胎教時間

　　很多人提出質疑：胎兒到底有沒有知覺？有沒有警覺性？或是對外界的刺激，有沒有感受？這裡要從專門研究胚胎學的科學角度著手。根據研究胚胎學的學者發現，胎兒在母體內，絕大部分的時間都處於睡眠狀態。如何斷定呢？就是在懷孕23周左右時，透過儀器可以觀察到胎兒有快

速的眼動睡眠期。到30周左右的時候，可以明顯看到胎兒做夢的一個狀態。到32周左右的時候，就能觀察到胎兒一天花多長的時間在睡眠上了。根據調查，胎兒一整天基本上有90～95％的時間都是處於睡眠的狀態。

在進行胎教前，要先知道胎兒在母體內是處於什麼樣的狀態，因此這份資料有助於父母知道什麼時候進行胎教？以及怎麼進行胎教？所以如果胎兒有95％的時間都在睡覺，那麼在睡覺的時候要怎麼進行胎教？而且只有5％的時間胎兒是清醒的，又會在什麼時候呢？

但根據調查，即便胎兒快要出生的時候，例如懷孕約32周時，有85～95％的時間都在睡眠，這就證明了胎兒在母體內需要有一個非常安靜的環境，睡眠是怕打擾的。

因此有不少說法，表示在胎教的過程中，父母要經常刺激胎兒，跟他說話，觸碰他或摸他一下，甚至給他聽一些音樂或聽英語，到底對或不對呢？其實研究胚胎學的專家們發現，從胎兒的生理結構長成及心理發展狀態來看，過度刺激胎

兒並沒有好處，反而是打擾胎兒的成長發育。

　　所以要學教養學，首先要把胚胎學要學好，因為這個是「人之初」。而且胎兒期的發展對一個人來說十分重要，因為長大以後的身心狀態是否健康？胎兒期就占有非常重要的作用。　接著，就胎兒期發育的各個階段做介紹。

胎兒的生理發展及觸覺發育

　　其實大多數孕婦，要受孕後約4～6週才會發現自己懷孕了。但胚胎通常在懷孕3周時，就已經有了心跳，但心臟外形基本完成在胚胎發育的第5周左右。但胚胎是否健康，有規律的心臟跳動，

父母教養便利貼：

懷孕約32周時，胎兒有85～95%的時間都在睡眠，這就證明了胎兒在母體內需要有一個非常安靜的環境，睡眠是怕打擾的。

就是一個很重要的指標。6～10周左右，胎兒的身體開始發育長成。10～12周時，胎兒大部分的身體器官已經接近完成了。

從這個資料來看，如果母體並不知道這時自己已經懷孕的話，很可能在飲食、生活作息、心理情緒波動、服用藥物，以及可能喝酒、吸煙還都是按照正常程序去做的話，很可能就會影響孩子在胚胎期的成長，有時還會對胎兒造成終身性的傷害。

而且若從胚胎學這個角度來講，當胎兒成長到14周時，其關節及肢體就已經開始會運動了。針對母體的外在反應上，胎兒也會對外界的一些刺激性事件，產生較強烈的反應了。

等胎兒到了15周左右，當媽媽在大笑的時候，胎兒就已經會在母體內產生相對應的反應，比如會動、會懸浮在母體中，甚至出現頭部向下漂浮著，表示自己也在開心的狀態。可見不到4個月，母親的情緒已經可以完全影響胎兒的情緒了。

再說胎兒的觸覺。在11周左右的時候，胎

兒的手掌開始有了觸覺；12周左右的時候，胎兒的腳底也開始有觸覺；17周左右的時候，胎兒的腹部、臀部開始出現觸覺；32周左右的時候，胎兒觸覺已經遍及全身。為什麼要強調觸覺？其實觸覺包括對疼痛的感覺，尤其面對刺激性的反應時，當胎兒有觸覺以後，就能感受到疼痛了。

因為疼痛會影響孩子的心情、情緒，這個相當重要。那麼胎兒有了觸覺，即使在母體內也能感受到母親的感覺，所以母體的這個環境，對胎兒的心情及情緒也會有影響。例如胎兒能感受到母體裡的羊水是涼的？或是熱的？或是特別溫暖而產生很舒服的感受。因為若羊水太熱了，胎兒會感覺痛苦；若太涼了，胎兒就會覺得冰冷，而產生反應。其實，母體裡面的羊水應該是恆溫，

父母教養便利貼：

胎兒到了15周左右，母親的情緒已經可以完全影響胎兒的情緒了。在17周左右時，胎兒手腳腹部、臀部開始出現觸覺；32周左右的時候，胎兒觸覺已經遍及全身。胎兒有了觸覺，即使在母體內也能感受到母親的感覺。

胎兒會有冷熱和溫暖的感覺，取決於胎兒的心情和情緒而變化。

胎兒的味覺及嗅覺形成

再說一下胎兒的味覺、嗅覺。一般會認為四川人喜歡吃辣的、山西人喜歡吃酸的、上海人就喜歡吃甜的、東北人喜歡吃鹹的，是因為生活區域性而練出來的味覺喜好。事實上，若從胚胎學來看，其實不然。因為孩子在胎兒期的時候，味覺形成了以後，味覺偏好其實就已經出現了。而胎兒味覺的生理基礎叫「味蕾」，而味蕾形成約在13～15周左右，並對味覺產生偏好，於是當胎兒出生後，在成長過程中，會偏好喜歡吃哪一類的食品。

研究人員還發現胎兒對甜食比較喜歡，為什麼？因為在實驗過程中發現，如果母親吃到有甜味的東西，這個胎兒在母體內就會出現吞咽速度很快的動作。如果母親吃到酸的或者苦味的東

西，胎兒吞咽的速度就會變慢。從這過程中就發現，胎兒其實已經有了味覺的感受。

至於嗅覺的感受，主掌嗅覺的器官就是鼻子，胎兒的鼻子是在什麼時候開始發育的？基本上來講，是在胎兒11～15周左右。而此時嗅覺器官對應的就是氣味。

其實孩子對於氣味十分敏感，比如到了一個陌生的世界，孩子會透過氣味來尋找自己的母親，因為母親的味道對孩子來說是最安心的、最安全的，同樣對應在胎兒身上也是。比如未滿40周出生的早產兒，給他吸食母親的乳頭和給他吸食塑膠的乳頭，其表現在吸吮的力度上和身體的興奮度上，是完全不一樣。

這表示孩子在此時已經有了味覺及嗅覺，一

父母教養便利貼：

孩子對於氣味十分敏感，比如到了一個陌生的世界，孩子會透過氣味來尋找自己的母親，因為母親的味道對孩子來說是最安心的、最安全的，同樣對應在胎兒身上也是。

聞就能聞到是不是媽媽的味道。雖然也有牛奶給他，但是孩子的感受，是絕對不一樣的。因為早在母體裡，這種熟悉的味道，會直接影響到孩子身體的興奮度。而這些都有實驗資料可以佐證，也有研究的成果。可見，胎兒雖然在母體裡，但不代表他是一張白紙，其實對很多外在刺激已經有了反應了。

胎兒的聽覺是以感受為主導

再講一講胎兒的聽覺。胎兒的聽覺系統基本上在8周左右，也就是懷孕兩個月左右時，就已經跟大腦拼接上了。基本上，負責管控頭與身體、運動與重力平衡感的是「前庭系統」，而孩子的前庭系統早在胎兒期約8周左右就已經開始發展運作。在16周左右的時候，也就是懷孕4個月，胎兒就已經有了最早的聽覺。

千萬不要以為胎兒在母體內什麼都不知道，當胎兒4個月大時就已經有了聽覺，這意味著，父

母說話時可得小心了，因為不管說任何內容，肚子裡的孩子都聽著，尤其說到和他有關內容時，是會非常敏感的。

　　而且胎兒聽的不是語言，而是直接能聽到母親的心聲，這個很了不起，能感受到母親的情緒，知道你是不是在說他？甚至你說的內容是什麼？胎兒都能清清楚楚地知道，這叫「感受」。

　　在胎兒期的感受，會深深的刻在身體上、意識上。比如孩子出生後，你問小寶寶說：「你在媽媽肚子4個月大的時候，爸爸媽媽說話你能聽見嗎？能聽懂嗎？」寶寶是沒有記憶的，但是會深深地刻在胎兒的潛意識裡。所以，當有些父母在胎兒還在肚子裡時商量要不要這個孩子時？其實胎兒是非常恐懼及害怕的。這時，就會在潛意識裡萌生出對父母深深的恨意。如果這個時候，爸爸堅持不想要孩子，但媽媽拼命的保護孩子，其實肚子裡的孩子都是知道的。　也因此，在這個狀態下，有些孩子在出生後會莫名其妙的對爸爸有一種深深的排斥感，或莫名的恐懼感及不安全感，而這種恐懼及不安會籠罩他一生，對於怕分

離及怕被拋棄的感受，也會比別人敏感及反應過度，如果媽媽的保護慾又強，那麼孩子會對媽媽形成一種非常強烈的依賴感，一直持續到長大成人都會在。

有人做過這樣的實驗：把嬰兒抱在母親左側懷裡，讓他聽到母親心臟跳動的聲音，這樣孩子會有一種安全感，很快就能安然入睡。另外，在醫院產科的嬰兒室播放母親子宮血流及心臟搏動聲音的錄音，發現正在哭泣的新生兒很快就安靜下來，情緒穩定，飲食、睡眠情況好，而且體重增加迅速。這是因為胎兒在母親的子宮中早已熟悉母親的心音，一聽到這種音響就感到安全親切。

所以在胎兒期聽覺、視覺逐漸形成的過程中，周圍的環境對胎兒的影響是非常重要的。其中，影響最大的是媽媽，爸爸是第二位，甚至周圍的其他人都對孩子的身心造成影響。而且從生理結構來看，當胎兒在16周左右時，前庭系統已經開始發育，而後面逐漸發展的聽覺系統就已不是單一的一個系統，而是一個很複雜的系統了。

這時的聽覺系統，包括了皮膚、骨骼和前庭系統，不但能接受聲音、接受震動的頻率，更是一整套複雜的、有系統的合作。所以整套的聽覺系統，基本上要到了32周左右，才真正的發育出來。

不過，重點在於胎兒真正的聽，不是僅僅用耳朵來聽，當聽覺系統開始發育的時候，胎兒的聽覺指的是一種感受，而且是用心在聽，完全能感受到的。所以父母在講話時都要很小心，還要注意情緒不要有太大的起伏及波動。

因為在臨床上有不少的個案，發現成人有諸多的困擾、身心的痛苦，很多時候都是追溯到了胎兒期。因此身為父母要知道，許多親子關係的建立其實在出生前就確認了。如果父母不懂這個道理，覺得孩子出生後再喜歡他、愛他就可以了，其實就已經晚了。在懷他的時候，就應該真心誠意的歡迎他到來，才能建構良好的親子關係。而這也就是「先天」就已經決定的了。

這一點做父母的一定要非常的清楚。到底歡不歡迎這個孩子來到這個世界？是不是真正熱

烈歡迎孩子的到來？還是在疑慮、在猶豫，或者拒絕？其實孩子完全清楚，所以這叫「愛在出生前」。所以，孩子會對父母心懷感恩，或和父母不親近，其實是孩子出生前就決定的了，孩子出生以後再想去改變很難。除非遇到了那種修行人，能直接把你跟孩子帶回母體狀態中，重新再去感受，並從內心最深處去改變對父母的愛與恨。父母要知道，當傷害已造成，後天做再多的努力，其實都沒有意義。你對這個孩子再好，也磨滅不了他出生前的資訊，也磨滅不了出生前內心深處的感受。

所以父母為什麼要學「教養學」這個東西，因為要知道這叫「規律」。如此一來，就知道孩子在母體內並不是一片白紙，不是沒有知覺，而

父母教養便利貼：

胎兒聽的不是語言，而是直接能聽到母親的心聲，這個很了不起，能感受到母親的情緒，知道你是不是在說他？甚至你說的內容是什麼？胎兒都能清清楚楚地知道，這叫「感受」。　在胎兒期的感受，會深深的刻在身體上、意識上。

是一個人，即便只是胚胎或胎兒。

　　當這個胎兒有了一定的直覺感受以後，就必須把他當成一個活生生的生命體，因為他會透過感知形成最深的記憶，等出生時再回報你。所以父母在談論孩子的過程中，或說些生活上的事情或工作上的事情時，有任何情緒及壓力，甚至焦慮、痛苦或者抑鬱，肚子裡的孩子都會時時刻刻關注著，尤其是母親的情緒對孩子影響是最大的。

胎兒的視覺及記憶力發展

　　進入胎兒的視覺，研究人員研究發現，懷孕10周到26周的時候，胎兒就已經能感受到光了。但是光是怎麼照射到母體內呢？在媽媽肚子裡不是一片黑暗嗎？錯了！母體內不是完全一片黑暗，透過身體的組織，光還是可以滲透進身體裡，而滲透進來的光源，是非常符合胎兒的視力，也就特別能適應。

　　舉一個例子，當胎兒到26周左右的時候，若

要往母體打針或者有拳頭往下壓的時候，胎兒是能自動避開的。又比如若用手電筒來照射媽媽的肚子時，會發現胎兒就有反應。這都說明胎兒其實對光已經有反應了，視覺的發育已經開始了。另外，聽說經常有人拿手電筒來照著母體的肚子，有可能是母親想要看看自己孩子，但這對胎兒很危險，因為強烈的光源照射，會對胎兒造成不可逆轉的傷害。所以一定要注意！

接著就是聊胎兒的所謂「記憶能力」，就是指胎兒的學習能力。有人會質疑：胎兒能學習嗎？他要有記憶的話，記憶前提是什麼？這要講到胎兒的大腦發育、神經系統的發育，就會直接影響胎兒的記憶及學習。而這裡的記憶又跟前面聽覺的記憶又什麼不同呢？這裡是指的是胎兒的大腦記憶，前面說的胎兒的聽覺引發感受；感受那叫用內心深處的感受，帶給身體的記憶。

這裡說的記憶是指胎兒的大腦發育、神經系統形成，會有記憶細胞，所以產生記憶能力。研究人員發現胎兒對母親的聲音，包括語言，天生有一種敏感度。胎兒在32周之後，母親常用母

語跟胎兒對話或溝通的時候，會很興奮，但如果換成用其他語言或陌生人講話，胎兒根本不會接受，還會抗拒，這是非常明顯的。

有個研究案例，就是一個小女孩出生之後，到了兩歲多要開始說話時，卻一直不說話、不反應，媽媽就很焦慮，找醫生檢查孩子各方面的神經系統及生理結構，卻發現都沒有問題，很正常的，但是為什麼怎麼叫她，跟她溝通、交流都不反應呢？就觀察這個孩子到底能不能聽見聲音？聽見聲音之後，她又做什麼樣的反映動作？等等，發現這個孩子，當用俄語跟她對話及打交道、溝通時，是有反應的。但換用別的語言去跟她溝通時，就沒有反應。因此回頭問媽媽，之前在家裡使用的語言是俄語嗎？媽媽很訝異，就說出了一段經歷，原來母親在懷孩子的時候，大概4～6個多月曾經在俄國工作過，那個周圍醫生護士都是俄語，媽媽也在說俄語，等到回法國懷滿10個月生產，孩子是在法國出生，結果成長過程中就對俄語特別的敏感，用俄語溝通，她就跟你說話，但用法語、用英語，孩子反而不理。所以這

個例子，說明胎兒期的時候，外界的語言環境對這個胎兒其實都有極大的影響，因為他已經產生了記憶，會學習。

這個記憶是什麼？換句話說就是發自一種本能，所以會發現孩子一出生就自然對某些事物感興趣，舉一個例子，有一個朋友是四川人，聽聞四川人、重慶人喜歡打麻將，所以孩子在母體時，天天跟著母親聽著周遭環境的麻將聲，什麼糊了一條、二餅，自摸又什麼……等等。胎兒在母體內聽著就在學，長大以後就莫名會對麻將特別感興趣。

所以真正胎教是什麼？不單單只有母體的身體，外在環境也非常的重要。如果胎兒在體內的時候，經常聽到的是朗朗的讀書聲，或是經常聽

父母教養便利貼：

胎兒的大腦發育、神經系統形成，會有記憶細胞，所以產生記憶能力。研究人員發現胎兒在32周之後，母親常用母語跟胎兒對話或溝通的時候，會很興奮，但如果換成用其他語言或陌生人講話，胎兒根本不會有反應，這是十分明顯的。

到父母和周圍環境，都在探討有學問的東西，那麼這個胎兒出生會對讀書或討論事情很有興趣。相對的，如果周圍的環境特別嘈雜，都是打打罵罵、吵吵鬧鬧，這個胎兒在體內就會特別煩躁，認為整個世界就是這樣的，如果那還夾雜著暴力，胎兒出生長大以後，這塊記憶就在他的內心深處造成影響。所以胎兒的記憶能力，會導致學習能力，是受周圍環境影響是非常大的。

母親對胎兒的影響力最大

到底母親在哪些方面會對胎兒有影響？有幾個最重要的面向。

第一是母親的情緒，這個對胎兒影響最大的。現在已經知道了，胎兒基本上從3個月開始，最基本的生理結構都已經在發育了。到了6個月左右的時候，已經開始要形成了。6個月以後的胎兒，基本上對世界已經開始感受了，也能完全的感知到母親的一切狀態，因為胎兒和母親是一體。

這個「一體」是什麼意思？表示胎兒不僅僅和母親的身體是相連的，連同情緒、心情跟母親也是一體的，母親悲傷的時候胎兒也在悲傷，母親害怕的時候胎兒也在害怕，母親開心的時候胎兒也在開心，母親安靜的時候胎兒也在安靜，母親在動的時候胎兒也在動，母親有壓力的時候，胎兒一樣有壓力。這就是母親和胎兒的「一體」，從身心方面都是。所以知道這一點太重要了！怎麼在懷孕的過程中教養胎兒？母親應該做什麼？有哪幾個方面對胎兒影響最大的？這些都是非常重要的訊息。因此才說，對胎兒影響最大的是母親。

前面曾提到，母親對胎兒的態度，像是歡不歡迎這個孩子來到這個世界？是絕對歡迎嗎？還是有條件的歡迎？有前提的歡迎？像是有些家庭重男輕女，這就叫有前提的歡迎。還有就是覺得不合時宜，這個時候孩子不應該來⋯⋯等等，都算是母親對胎兒的一種態度。這會造成什麼問題呢？

其次，是歡迎孩子到來的態度。無論是在胎

兒期或出生後，包括母親和一家子人都在歡迎這個孩子，而且不管是男孩或是女孩都歡迎，而這代表這個孩子是最幸福的。這種孩子長大以後都會是愛心滿滿，是沒有恐懼的。但是真正能有幾個家庭，真的能做到這一點？

再舉一個例子，全家人一直盼著盼多少年了，終於盼來了懷孕，要生了，大家全都特別歡迎，好像這樣的孩子也是幸福的，不是嗎？不，太過了也不行，因為全家人對胎兒期望值太高，這對胎兒也是一種壓力。比如家產萬貫這種富有人家卻幾代單傳，突然一下生出一個兒子來，全家期待當然是歡迎。但是同時巨大的壓力和對家族這種承擔的使命，就會落在孩子身上。這個孩子在還是胎兒懷在媽媽肚子裡時他就知道了，會帶著壓力及使命出生，其實也不行。這會對孩子有什麼影響？根據研究個案報告顯示，有的人天生就帶著壓力出生的，一生背著放不下巨大使命感的壓力，到後面壓力壓成了扭曲的心理狀態，一生都覺得使命感極強，重擔極重，一生都不放過自己，長大以後各種的症狀、各種的問題都會

出現。

　　可以去觀察在這個家族出生的孩子，表情是不是都呈現不安感？身體的腰是彎的，背都是彎的，肩膀那都是往裡縮的，都往前傾的，為什麼，壓的？就是家族的使命感太強的原因，因此要引導這些人回到胎兒期的時候，把這種使命感以及家族的期望都給他放下時，讓他活回自己，立馬腰就直了，背也挺了。

　　這個就是胎兒期帶來的一切知覺、感受、記憶，是深深的刻在內心深處，刻在身體上，會帶一輩子的。所以好多人這個身心疾病，是一輩子消除不了的，這並不是吃什麼藥或者做什麼善事，或做什麼調整會改善的，其實都沒有意義、沒有用的，是先天帶來的。但是這種先天帶來的毛病可不可以療癒呢？其實是可以的，但是一定

父母教養便利貼：

6個月以後的胎兒，基本上對世界已經開始感受了，也能完全的感知到母親的一切狀態，因為胎兒和母親是一體。

得找到真正的修道之人，由得道的人帶你進入內心深處，再回溯到胎兒期的那個時候，重新調整及治療，讓人重新梳理及活過一回，這樣才能真正化解掉你在胎兒期的巨大壓力，才能把那種負面的記憶，從你的身體上徹底的消除轉化掉。

母親的壓力值會大大影響胎兒

所以要特別注意懷孕母親的三種身心狀況，都會大大影響胎兒未來發展：第一是母親的情緒，第二是母親對孩子的態度，第三是母親的壓力狀況。

剛才已談到母親的情緒及母親對孩子的態度，接下來談母親的壓力狀況。一般來講，母親的壓力會體現在哪幾方面？

第一，是家庭或者家族的期望。先說中華民族仍有根深柢固的家族概念，一般女子出嫁後仍以夫家為主，父系社會，因此當一對夫妻結婚生孩子時，壓力多半會落在母親身上。如果家族都

是單傳，那麼光能不能懷孕，就壓力很大。若當自己懷孕時，光生男孩、生女孩，壓力就非同小可。甚至有的家族就特別期盼是男孩，所以母親一旦生了男孩，似乎在家裡地位就不一樣了，如同古時候的皇后。一旦生了女孩，母親好像犯多大的罪一樣，全家族人都去貶低她，甚至老公都有可能不要她。所以這種巨大的壓力，會造成母親在懷孕時的身心平衡。

第二，第一次懷孕的壓力。如果這個母親之前都沒懷過孩子，也沒帶過孩子，沒養過孩子，第一次懷孕時，會是非常的緊張的。因為，這個母親從懷孕過程就不知道該怎麼辦了，也不知道孩子出生以後該怎麼帶，而且還聽說生產的時候母親會多麼痛苦及疼痛等等，於是害怕、緊張、擔心，就形成了母親對生養孩子的壓力。

第三，就是母親本身工作的壓力。現今社會，有工作的職業女性比比皆是，有事業型的女強人，也有放不下工作的女職員，於是懷著孩子去上班一直到生產之前，在這種狀態下，工作上產生的壓力其實隨時都會傳遞給孩子，讓孩子在

母體狀態感到不舒服、不安、躁動，其實是非常不好。而且這時母親關注的不是孩子本身，而是工作。這對孩子來說，首先是感受不到母親對自己的關注，只會感受到母親是很冰冷、冷淡，不關心自己，於是為了引起關注，孩子在母體內就會多動，於是愈多動的孩子，在母體內活動愈頻繁，出生以後，普遍都會呈現煩躁不安的情緒。

其次，母親在工作當中，注意力不在孩子身上，不能經常跟孩子在一起，那麼在工作同時除了承受工作壓力，還有焦慮。這種焦慮的情緒會傳遞給肚子裡的孩子。所以這個就是母親的自身

父母教養便利貼：

要特別注意懷孕母親的三種身心狀況，都會大大影響胎兒未來發展：第一是母親的情緒，第二是母親對孩子的態度，第三是母親的壓力狀況。

壓力，對孩子是非常有影響的。

對胎兒好，就要營造良好的產前環境

　　除了壓力外，母親的生活作息時間是否規律，其實對孩子的成長影響也非常大，這叫「產前環境」。如果母親天天熬夜玩抖音、看視頻、打電玩，天天熬夜玩樂，早上不起床，整個作息時間跟別人顛倒的，會直接影響到胎兒的生命節律。　而最符合自然的一個作息狀態，就是日出而作，日落而息，少看電視追劇玩視頻、少玩抖音滑手機，把關注點放在胎兒身上，這樣胎兒就能隨時體會到深深的母愛。所以懷孕的母親不僅僅是要行為合理、思想要科學，同時作息時間還是要有規律。因為真正的愛就是在出生前，出生後的一切都叫「彌補」，出生前這個才是真正的、原始的、最純淨的愛，如果一開始做不到位，那麼出生之後再彌補孩子，也彌補不了萬分之一。

　　其次就是母親的飲食。之前講的味覺、嗅覺都是非常重要的胎兒成長的直覺感受。那麼母

親的飲食，比如母親習慣性的吃什麼，對孩子的影響也非常的巨大。這裡就物理、化學的角度來談，比如母親身體的不經意重擊，或者是摔倒了一下，造成肚子裡這孩子的傷害，這是物理影響。另外，就是化學影響，叫「物化類」，比如說母親在懷孕時吃到或吸到有毒素的物品，像是吸煙、喝酒等這些都會對胎兒，甚至出生的孩子有直接影響，尤其吸毒影響非常的大，直接就影響到孩子的生理及心理發展狀況，一定要注意。

這個就是產前環境，一定要給胎兒營造一個安靜、祥和，積極、正面、陽光的環境。尤其是「陽光」，這裡指的不是晒晒太陽什麼的？主要指母親的情緒、全家人的氛圍。比如說父母經常吵架，因為吵架很容易導致激烈的語言、激烈的肢體等衝突，這時胎兒在體內都聽了，他是害怕的。

以前有一個個案就是特別極端的例子：有個女孩不明原因表達對爸爸無比的恨意，其實她爸爸是非常喜歡她，從小到大沒改變過，女孩現在都已經30多歲了。但是就是莫名的恨意，也不

知道為什麼，每次看到他爸做的一切都不對，看著都覺得討厭、反感。因為太嚴重了，請我做這個個案，我把她帶回胎兒期，一下就回到那個場景當中，看到爸爸媽媽在吵架，爸爸對著懷孕的媽媽喊：「帶著你的孩子給我滾！」當場攆走他們母女，在當時她媽媽並沒有工作。這時媽媽就極其的恐懼，因為還懷著她，如果一旦爸爸拋棄了他們母子的話，她的生活就沒有來源，孩子怎麼養的這份恐懼深深影響到還是胎兒的她。於是孩子在心裡就記住了媽媽的這種痛苦、恐懼、擔心，也記住了爸爸的這句話，深深留在了記憶當中。所以出生之後，女孩就莫名的一直出現那種想法：「爸爸要拋棄我們母女」，然後跟媽媽感情特別好，近乎變態的親近及依賴，但對爸爸就是那種極端的恨意，不親近。但實際上，從女孩出生後，父母的夫妻關係挺好的，只不過在母親懷孩子過程中，兩個人因為一點小事吵架，又互相說狠話，本來夫妻吵架過去也就過去了，也挺正常，沒想到會對還是胎兒的孩子造成這麼大的心理創傷，導致孩子出生以後都已30多歲了，

對爸爸還是那麼的恨，也是令這位爸爸史料未及的。

　　之後，我再帶領她回到胎兒期去化解及感受，一下就解開了女兒對爸爸的這種深深地刻在心裡上的及身體上的記憶，並轉變成女兒能真心感受到爸爸的愛。否則爸爸再怎麼愛她，也穿透不了這種恨意的包裹。所以一旦化解了，馬上對爸爸的感受一下就變了。　到現在為止，女孩跟爸爸關係非常好，自己也一下就從這種恐懼中解脫出來了。

　　因為當孩子能感受到爸爸的愛時，孩子的安全感及歸屬感，一下就出來了，轉化成爸爸是山，是大靠山的印象。其實之前，女孩在現實中會有分離恐懼症的焦慮，就是怕被拋棄，一旦跟爸爸的關係緩解，這種症狀也就消失了。所以現在她都很快樂、很愉快。

　　所以產前環境，對象不僅僅是母親，爸爸的角色也要十分注意，對胎兒的影響是非常重要，

它會一直跟隨著孩子的一生，是很難改變的。

小結：養育孩子，父母良好關係最為重要！

　　這就是我們說「胎教」，除了媽媽的心情、媽媽的狀態、媽媽的態度，還有產前環境的營造，都是對孩子起非常重要的影響。胎教、胎教，到底胎教首先要從哪裡開始呢？首先從媽媽開始，媽媽一定要保持一個安靜穩定的情緒，這是最重要的。

　　其次，媽媽要無憂無慮，不要有任何壓力。要知道，當一個女人升格做「媽媽」的主要工作不是出去打拼，因為出去打拼，養家糊口，那是

父母教養便利貼：

給胎兒營造一個安靜、祥和，積極、正面、陽光的良好產前環境，對象不僅僅是母親，爸爸的角色也要十分注意，對胎兒的影響是非常重要，它會一直跟隨著孩子的一生，是很難改變的。

男人的職責，所以做老公的要擔負起這個職責。所以老公要做到的就是讓媽媽安心，讓媽媽心情愉悅，讓媽媽情緒穩定，都是老公的責任。

所以說母親是最偉大的，因為孩子的一生其實就在你的手裡，怎麼生他，怎麼養他？決定了這個孩子長大之後的一切——健康與否，開心與否，其實都是由媽媽來決定。

生兒育女，不單單只是母親的基本職責，也是男人、老公、爸爸的職責。所以有的時候，當一個女人真正知道自己懷孕了以後，面臨的一個抉擇就是繼續工作？還是安心的養兒育女？這是現今社會對女人的一個要求，也是一個不公平的分工。　雖然現在的中國，都在講求男女平等，但身為女人的壓力還是非常大，既要相夫教子，養兒育女，又要跟男人一樣去承擔社會的責任。其實這對女人來講，對一位媽媽來講，是極其不平等、不公平的。

因為當女人從知道「懷胎」開始，往往喜悅沒幾天，就因為要生孩子怕工作會不會沒有了，心裡是焦慮的，是有壓力的，而這是生存壓力。

但是事實上，這種家庭的生存壓力，應該是在爸爸身上，是男人就應該把這個家給承擔起來，讓老婆不要去工作，安心的在家養胎、生小孩、養孩子、帶孩子，並讓老婆心情愉悅，大家一起歡迎這個孩子到來，一起承擔養兒育女的過程及辛苦。

我們中國古代的老祖宗一直告訴我們：女人懷孕了要好好安排，哪裡有出去亂跑、去工作、去做事的，都是在家靜心養胎，這是我們老祖宗智慧，西方不講的。西方講求男女平等、經濟自主，於是女人懷孕了還是要工作，一直到生產，就給一個短短的產假。不像中國還有坐月子，把女人的身子養好。

於是，孩子出生了以後都很容易煩躁、焦慮，一出生就有壓力，那是因為母親工作的環境是嘈雜的、衝突的、有任務等壓力，這些都會傳導給肚子裡的孩子知道。

所以教養學的第一課，就是如何進行良好的胎教。當父母都清楚知道胎兒成長發育的原理原則，這樣才保證生養出一個健康開心的孩子。千

萬要記得健康和開心，這是第一、二順位。有沒有成就，那都是第三位。因為，先當一個健康快樂的平凡人，等到有機會的時候，再為社會去創造更大的貢獻及財富，獲得成就。

全天下所有父母都希望的，就是生養出健康開心的孩子。這才是首要的。

其次，就是媽媽要注意自己的情緒，要無憂無慮，要真的歡迎這個孩子來到世間，不要有壓力，要有規律的生活作息，要注意飲食結構，不要有一些不良嗜好，那麼在這種狀態下，就能提供肚子的孩子一個良好的胎兒成長環境。當然，爸爸也要配合，一起營造最佳的產前環境。

在懷孕的過程中，不需要去教孩子什麼東西，更不需要讓他天天聽聽音樂、聽英語、學語言、學數學、學東學西什麼，不要給孩子壓力。因為胎兒有95％的時間在睡覺，就讓他安安心心好好睡覺，別總去觸碰他、刺激他。讓肚子裡的孩子在這個時候好好發展他的腦神經、大腦細胞、身體的各項生理結構，如果這時打擾他睡眠，反而會影響他的發育，所以身為母親的你安

心靜養就是了。

然後，不要給這個肚子裡的孩子過分的壓力，過分的期待，只是單純的歡迎這個生命來到人間就好。這個是非常重要的「愛」。

這才是最棒的胎教，最好的教養價值。

父母教養便利貼：

這就是我們說「胎教」，除了媽媽的心情、媽媽的狀態、媽媽的態度，還有產前環境的營造，都是對孩子起非常重要的影響。

筆記 notes

筆記 notes

范明公精英教養學（一）
──結合東西方思想及文化精髓而形成的教養學體系

作者／范明公
出版贊助／姚明慧
文字編輯／魏賓千、李寶怡
執行編輯／李寶怡
封面及版型設計／廖又頤
美術編輯／廖又頤
企畫選書人／賈俊國

總編輯／賈俊國
副總編輯／蘇士尹
編輯／高懿萩
行銷企畫／張莉滎、蕭羽猜、黃欣

發行人／何飛鵬
出版／布克文化出版事業部
台北市民生東路二段 141 號 8 樓
電話：02-2500-7008
傳真：02-2502-7676
Email：sbooker.service@cite.com.tw

發行／英屬蓋曼群島商家庭傳媒股份有限公司城邦分公司
台北市中山區民生東路二段 141 號 2 樓
書虫客服服務專線：02-25007718；25007719
24 小時傳真專線：02-25001990；25001991
劃撥帳號：19863813；戶名：書虫股份有限公司
讀者服務信箱：service@readingclub.com.tw

香港發行所／城邦(香港)出版集團有限公司
香港灣仔駱克道 193 號東超商業中心 1 樓
電話：+86-2508-6231　傳真：+86-2578-9337
Email：hkcite@biznetvigator.com

馬新發行所／城邦(馬新)出版集團 Cite (M) Sdn.
Bhd.41, Jalan Radin Anum, Bandar Baru Sri Petaing, 57000 Kuala
Lumpur, Malaysia
電話：+603-9057-8822　傳真：+603-9057-6622
Email：cite@cite.com.my

印刷／韋懋實業有限公司
初版／2021年 3月
售價／新台幣 300 元
ISBN ／ 978-986-5568-36-8